Salonfähig

Salonfähig

Frauen in
der Heine-Zeit

Für den Heine-Haus e.V. Hamburg
herausgegeben von Beate Borowka-Clausberg

Morio Verlag

Gedruckt mit freundlicher Unterstützung der Arbeitsgemeinschaft literarischer Gesellschaften und Gedenkstätten (ALG)

INHALT

7 *Beate Borowka-Clausberg*
Salonbilder – eine Einführung

13 *Sabine Brenner-Wilczek*
„Du alte, süße Katze" –
Heinrich Heine und
seine Mutter Betty

25 *Nikolaus Gatter*
„Ihr edles, stilles, konsequentes
Wesen und Leben bewundre ich
immer" – Heines Freundinnen
Rosa Maria und Rahel
Varnhagen

41 *Hans Jürgen Rehfeld*
Elise von Hohenhausen –
ein Charakter „einnehmender …
edler Weiblichkeit"

55 *Annette Seemann*
Die „schöne große Cousine"
und die „Großmutter der
Doktrinäre" – Heinrich Heine
und sein Verhältnis zu George
Sand und Madame de Staël

71 *Beate Borowka-Clausberg*
Ida Gräfin Hahn-Hahn –
eine Bildersuche

89 *Gabriele Schneider*
Fanny Lewald – die
deutsche George Sand?

101 *Renate Sternagel*
Der Lebensroman der
Therese von Bacheracht

115 *Jocelyne Kolb*
Ein virtueller Salon –
George Eliot und
Heinrich Heine

121 *Anne Stähr*
Groupie, Muse, Literatin? –
Elise Krinitz oder ein
Frauenleben als Maskerade

133 *Joseph A. Kruse*
Kaiserin Elisabeth von
Österreich – Heines
royale Verehrerin

148 Danksagung

151 Bildnachweis

Beate Borowka-Clausberg

SALONBILDER
Eine Einführung

Unterschiedliche Frauengestalten haben Heinrich Heines Lebensweg gekreuzt. Mit einigen von ihnen pflegte er intensive langjährige Beziehungen; andere waren flüchtige Bekanntschaften; manche hat er nur aus der Ferne wahrgenommen. Unter den näher- und fernerstehenden waren bedeutende Frauen jener Zeit zwischen ausgehendem 18. und fortschreitendem 19. Jahrhundert. Ihre Beziehungen zu Heine changierten zwischen Liebe, Bewunderung, Verehrung, Respekt und Hass. Nicht immer verliefen diese Begegnungen harmonisch, denn Heines häufig boshafte Satire war verletzend und verstörend. Andererseits fanden sich unter den so Betroffenen auch Verehrerinnen, vor allem am Ende seines Lebens: so die Schriftstellerin Camille Selden, auch Mouche genannt, die Damen von Hohenhausen, Mutter und Tochter, Fanny Lewald und ihre Freundin Therese von Bacheracht, und nach Heines Tod sogar die melancholische Kaiserin Elisabeth von Österreich. Deren so unterschiedliche Biographien sind in diesem Buch, das zugleich auch als Begleitpublikation zur gleichnamigen Ausstellung dient, in kundigen Umrissen skizziert.

Schreibenden Kolleginnen gegenüber war Heines Verhalten ambivalent; er schwankte zischen Ablehnung und Anerkennung. Germaine de Staël nannte er spöttisch einen „Sturmwind in Weibskleidern", zu George Sand empfand er lange Zeit freundschaftliche Zuneigung. Er schätzte die Jüdin Fanny Lewald; ihre Freundin Therese von Bacheracht, die er noch aus Hamburger Zeiten kannte, mochte er und rühmte ihre Schönheit; Ida Hahn-Hahn hingegen fand er zu exaltiert und zu konträr in ihren Meinungen.

Alle erwähnten Schriftstellerinnen hatten es zu großer Popularität gebracht. Ihre Publikationen erreichten hohe Auflagen und wurden dementsprechend rezensiert. Doch nicht

Salonszene aus „Tutu" von Alexander von Ungern-Sternberg

immer wurden ihre Leistungen anerkannt und als den Männern ebenbürtig erachtet. Auf ihre jeweils unterschiedliche Weise waren sie allesamt Vorkämpferinnen der damals beginnenden Frauenemanzipation. Mit ihrer eigenen Art, die Welt zu sehen und zu interpretieren, waren sie sehr erfolgreich und führten ein selbstbestimmtes, meist unabhängiges Leben. Das Schreiben diente ihnen zum Lebensunterhalt und wurde dementsprechend von ihnen professionalisiert. Sie waren Heines Kolleginnen.

Im *Leipziger Modenjournal* von 1843 war der Aufbruch der Frauen wortgewaltig ins Bild gesetzt: „Mit der Cigarre hat die Schilderung der Frauen angefangen, womit wird sie aufhören? – Bereits ist auch die Alleinherrschaft des philosophischen Gedankens dem Manne entrissen. Wenn früher in den literarischen Kämpfen die schriftstellernden Frauen nur philosophische Charpie zupften, so insurgieren sie jetzt, wie kühne Guerillas, ganze Provinzen im Reiche der Idee. Die Frauen schreiben nicht mehr blasse Entsagungsromane, zur Erholungslektüre für decente, glattgescheitelte nachmittags-Prediger, sondern kecke Novellen, vollblütig kichernd wie der Decamerone des Boccaccio und reich illustriert mit philosophischen und politischen Arabesken."

*

In der Bezeichnung „Salonfähig", dem Leitbegriff des Buchs und der Ausstellung, sind viele Bedeutungsschattierungen eingefangen. Der Reichtum des Salon-Begriffs liegt in seiner historischen Blüte. Er enthielt und vermittelte Vorstellungen von kultivierter Gemeinschaft, des gepflegten Umgangs miteinander; er bot alle Voraussetzungen für amüsante und bereichernde Zusammenkünfte und versprach weiterführende Begegnungen. Salon umfasste als Passepartout einen Lebensstil.

Unter dem übertragenen Titel *Der Salon* hat Heinrich Heine demgemäß zwischen 1831 und 1840 diverse Texte, sowohl politisch-publizistische als auch literarisch-erzählerische, versammelt. Als Vorbild zum ersten *Salon*-Buch diente ihm der Pariser Salon, die berühmte Mutter aller öffentlichen Kunstausstellungen. Dort zeigte sich, wer „salonfähig" war und auf dem anerkannten Umschlagplatz des Renommees Gewinn machen durfte. Zu derartigen Umschlagplätzen, wenn auch kleineren Formats, sind die privaten Salons in Berlin, Weimar, Hamburg oder in anderen Städten geworden. Es ging dort eher bescheiden zu, wie in der berühmten Dachstube der Jüdin Rahel Varnhagen, mit Tee und Butterbroten; oder etwas emanzipierter und „moderner" mit Bier und Koteletts bei der Zigarren rauchenden Therese von Bacheracht.

Vorstellungen, wie es einst in den Salons und an den Teetischen zugegangen sein mag, vermögen auch heute noch die Phantasie zu beflügeln. Im Nachhinein kann jedoch auch ein zu idealisiertes Bild solcher geselligen Zusammenkünfte entstehen.

Phantasie nährt sich von Bildern, von imaginierten und noch real vorhandenen. Abbildungen, die wir in Büchern aufblättern, Museumsstücke und in besonderen Glücksfällen Neufunde versetzen uns in der Betrachtung in vergangene Zeiten. Originale lassen jene Aura entstehen, die dem Gesehenen tieferen Sinn verleiht. Ferne wird zur Nähe, wenn fragile historische Objekte, Gemälde, Zeichnungen oder schwer lesbare Handschriften ihre ästhetische Wirkung entfalten. Deshalb schreiben wir Bücher, deshalb machen wir Ausstellungen. Es geht also nicht nur um reine Informationsvermittlung, sondern um Etwas, was den Relikten ihre Bedeutung zurückgibt. Aber nicht nur Ausstellungsbilder, auch die hier im Buch präsentierten Beiträge laden ein, jener Atmosphäre nachzuspüren, den angebotenen virtuellen Salon gedanklich zu betreten, um sich darin umzuschauen und sich in die Biographien höchst unterschiedlicher Frauen-Persönlichkeiten lesend zu vertiefen.

*

Bei den Recherchen zur „Salonfähigkeit" gab es besondere Glücksmomente, darunter die Entdeckung dreier Porträts. In der anbrechenden Ära der Provenienzforschung gewinnen auch solche Auffindungs-Histörchen an Profil und können guten Gewissens erzählt werden.

Der eine Fund ist ein kleinformatiges Ölporträt der Gräfin Ida Hahn-Hahn, das bisher in der Literatur völlig unbekannt war. Auf den Spuren der Gräfin und auf der Suche nach ihrem Notizbuch kam ich nach Neuhaus in Schleswig Holstein, zum Familiensitz der Grafen Hahn. Dort erfuhr ich während einer Kaffeestunde, dass es das Notizbuch wahrscheinlich noch gibt, es derzeit jedoch nicht auffindbar sei; aber es existiere da noch ein kleines Porträt von Ida. Darüber kam die Ausleihe zur Sprache, die nun mit großem Dank an die Leihgeber hervorzuheben ist. Das Weitere ist im Beitrag über die Ida-Bildersuche nachzulesen.

Zur anderen Entdeckung wurden zwei Bilder der schönen Therese von Bacheracht in Wien. Renate Sternagel, die Herausgeberin der Javanischen Briefe der Bacheracht, hatte mir erzählt, dass sich bei einer Nachfahrin der Lützows in Wien zwei Porträts von Therese befänden. Der Anreiz war natürlich groß, zumindest eines für die Ausstellung zu bekommen. Und so begann eine intensive Korrespondenz mit der Besitzerin der Bilder, Frau Prof. Dr. Kafka-von Lützow. Sie hatte zunächst große Bedenken, die Bilder wegen des fragilen Zustands in die Ausstellung zu geben. Das eine ist ein sogenanntes Kniestück, sehr groß, um 1820 gemalt und zeigt Therese in russischer Tracht. Das andere, welches nun tatsächlich frisch restauriert in der Ausstellung besichtigt werden kann, ist ein etwas kleineres Brustbild.

Frau Kafka schickte mir zunächst Fotos von den Bildern, die ich der Kunsthistorikerin und Restauratorin Dr. Mayme Neher zeigte. Sie gab den entscheidenden Anstoß: „Hinfahren und reden". Wir sind nach Wien gefahren, haben persönlich mit Frau Kafka gesprochen, und sie war schließlich bereit, uns das kleinere Porträt sofort mitzugeben. Bei der Ausrahmung des Gemäldes kam die Signatur zum Vorschein: Der Künstler war der bekannte Hamburger Maler Friedrich Carl Gröger, der nicht nur die Heine-Familie porträtierte, sondern die ganze feine Hamburger Gesellschaft, zu der auch Therese gehörte.

Der Ablauf des Wien-Besuchs war ungewöhnlich und berührend: Menschen kennenzulernen, die lebendige Vermittler von Geschichte und Geschichten sind, ist ein besonderes Erlebnis, denn es macht Vergangenheit direkt spürbar. Walter Benjamin hat einmal gesagt: „Die alte Welt erneuern – das ist der tiefste Trieb im Wunsch des Sammlers".

Der dritte Fund führte in die Hauptstadt, denn in Berlin befindet sich ein weiteres Porträt der hier vorgestellten Frauen, nämlich von Fanny Lewald. Darauf machten mich Dr. Gabriele Schneider und Renate Sternagel aufmerksam. Auch dieses Gemälde hat eine besondere Geschichte. In alten Buchausgaben von vor 1900 finden sich nicht sehr detailreiche Schwarz-Weiß-Abbildungen. Das Bild wurde stets der Malerin Elisabeth Baumann-Jerichau zugeschrieben. Man ging davon aus, dass es bei einem Rom-Aufenthalt Fanny Lewalds im Jahr 1846 entstand. Der Besitzer des Bildes, Ferdinand Fremerey, war bereit, es mir zu zeigen und ließ mich das relativ große Gemälde fotografieren. Dabei kam in Detailaufnahmen die Jahresinschrift 1851 und eine ungewöhnliche Signatur zum Vorschein, die zunächst nicht zu entziffern war, aber keinerlei Ähnlichkeit mit der der Malerin Elisabeth Baumann-Jerichau hatte.

Die Fotos schickte ich Renate Sternagel, die seit geraumer Zeit den Briefnachlass Fanny Lewalds mit Adolf Stahr transkribiert. Zufällig war sie gerade beim Jahrgang 1851 angelangt und wurde beim Anblick der Aufnahmen „elektrisiert" und völlig überrascht, denn alle Welt war davon ausgegangen, dass Baumann-Jerichau das Bild malte. Jetzt ist klar, dass der Berliner David Wihl der Maler war. Fanny Lewald hat in ihren Briefen sehr genau Entstehungsumstände und Art des Bildes beschrieben. Man kann mit Sicherheit davon ausgehen, dass die Zuschreibung stimmt.

Sogar in Fontanes Briefkorrespondenz findet sich dazu eine launige Anmerkung: Er besuchte Fanny Lewald im März 1851 und schrieb an seinen Freund Wilhelm Wolfsohn: „Ich habe dir viele herzliche Grüße zu bestellen u zwar von Perückenwihl. Ich geb ihm flottweg diesen Zunamen, weil ich mir nicht denken kann, dass Jemand von eigener Haarfülle einen solchen Tafelaufsatz mit sich umherschleppen kann. Das ist ja Stoff für zwei moderne Sophas – … Wihl war bei der Fanny Lewald. Er schien dort sehr gut angeschrieben, was sich daher erklärt, dass er sie seit zwei Wochen unterm Pinsel hat. Ich weiß nicht, ob es Kniestück oder sonstwas wird – jedenfalls, wenn er nur halb wiedergibt, was die Natur geschaffen, muss es ein stattliches Bruststück werden."[1]

*

Die Such- und Findegeschichten zeigen, wie inspirierend auch ganz vordergründig objektorientierte Forschung werden kann. Sie zeigen auch, dass es sich lohnt, Sachangaben auf den Grund zu gehen, denn dort liegen bisweilen unentdeckte Schätze verborgen. Auf diese Weise lassen sich Bezüge und Verbindungen herstellen, die vorher so nicht ersichtlich waren.

Es ist ohnehin erstaunlich wie viele Berührungspunkte es zwischen den hier vorgestellten Personen gab: Da war zunächst die Familie Heine, die eine tiefe Freundschaft mit den Mendelssohns verband. Der Philosoph Moses Mendelssohn war mit Ida Hahn-Hahns gelehrtem Großvater Friedrich gut bekannt. Fanny Mendelssohn, Moses' Enkelin, war mit dem Maler Wilhelm Hensel verheiratet. Dieser hat die gesamte Berliner Gesellschaft des 19. Jahrhunderts gezeichnet: Rahel Varnhagen, Elise von Hohenhausen, die Humboldt-Brüder und Heinrich Heine, der mit ihnen allen bekannt war. Therese von Bacheracht hat die Briefe Wilhelm von Humboldts an seine Freundin herausgegeben – es wurde ein verlegerischer Überraschungserfolg! Fanny Lewald war mit Therese von Bacheracht befreundet, die über die Schriften der Hahn-Hahn durchaus positiv urteilte. Die Lewald aber schrieb eine beißende Persiflage auf die Romane der Hahn-Hahn. Der Grund: Sie liebten denselben Mann und gingen sich aus dem Weg. Über diese Geschichte wiederum schrieb die Tochter der Elise von Hohenhausen, die denselben Namen, wie ihre Mutter führte.

Annähernd ähnlich, in aus der Ferne gesehenen Umrissen, versammeln sich hier in den Buch-Beiträgen noch einmal die Lebensgeschichten der vorgestellten Persönlichkeiten: in Fragmenten, Anekdoten und Fundstücken. So hatte es schon Therese von Bacheracht in ihrem Buch *Am Theetisch* vorgeschlagen: Die Texte sollten „zwischen einer Tasse Thee und einem Besuch" gelesen werden.

Anmerkungen

1 Theodor Fontane und Wilhelm Wolfsohn, eine interkulturelle Beziehung, hg. von Hanna Delf von Wolzogen u Itta Shedletzky, Schriftenreise des Leo Baeck Instituts 71, Tübingen 2006, S. 83.

Sabine Brenner-Wilczek

"DU ALTE, SÜSSE KATZE"
Heinrich Heine und seine Mutter Betty

In Heines Leben und Werk spielen Liebe, Leiden und Leidenschaft eine große Rolle.[1] Seine erste Liebe, die Hamburger Cousine Amalie Friedländer, nennt er „Molly", seiner Ehefrau Augustine Crescence Mirat gibt er den Namen „Mathilde" und Elise Krinitz, seine letzte Verehrerin, die ihn am Krankenbett besucht, trägt für ihn den Namen „Mouche", französisch für „Fliege", da dieses Insekt auf ihrem Petschaft abgebildet ist, mit dem sie ihre Briefe verschließt. Woher stammt diese bemerkenswerte Vorliebe für Kosenamen mit dem Anfangsbuchstaben „M"? Nicht selten wird in der Forschung, vor allen Dingen von Edda Ziegler[2] darauf hingewiesen, dass der Buchstabe „M" direkt zu Heines Mutter führt: Mutter oder einfach Mausel wie er sie in vielen Briefen nennt. Aber auch andere Kosenamen wie „Du alte, süße Katze"[3] verwendet er im Briefwechsel.

Betty Heine, geborene Peira van Geldern, ist eine willensstarke und disziplinierte Persönlichkeit. Sie stammt aus der angesehenen jüdischen Düsseldorfer Bankiers- und Gelehrtenfamilie van Geldern, die Ende des 17. Jahrhunderts von Holland ins Herzogtum Jülich-Berg einwanderte. Heines Vater Samson, den Spross einer strenggläubigen norddeutschen Kaufmannsfamilie, lernt Betty im Sommer 1796 in Düsseldorf kennen.

Heines Eltern heiraten für die damalige Zeit recht spät – Betty mit 25 und Samson mit 33 Jahren. Ob es sich um eine Liebesheirat oder eine Vernunftehe handelt, ist abschließend nicht zu entscheiden. Fest steht aber, dass Peira van Geldern nach der Hochzeit sowohl Vor- als auch Nachnamen wechselt. Samson Heine eröffnet – nicht zuletzt dank des klugen, engagierten Handelns seiner Frau Betty, die dafür sorgt, dass Samson als „Schutzjude" anerkannt wird – in Düsseldorf ein Geschäft mit modischen Textilwaren. Bis ungefähr 1806

Betty Heine, geb. van Geldern, Gemälde von Isidor Popper, Öl auf Leinwand, um 1840

Düsseldorf, Kupferstich von J. Ziegler nach einer Zeichnung von L. Janscha, um 1790

erblicken im Haus in der Bolker Straße mit der heutigen Hausnummer 53 vier Kinder das Licht der Welt: Harry (Heinrich), Sara (Charlotte), Gottschalk (Gustav) und Mayer (Maximilian). Am 6. Juni 1809 erwerben die Eheleute Heine dann ein dreigeschossiges Haus mit Nebengebäuden und Garten in unmittelbarer Nähe, die heutige Bolker Straße 42. Die Lebensverhältnisse der Familie Heine bleiben jedoch trotz des repräsentativeren Hauses eher bescheiden.

In Heines literarisch ausgestalteten Erinnerungen an die Jugendzeit steht sein Vater für Unbeschwertheit und Lebenslust, wohingegen seine Mutter Moral und Willenskraft verkörpert. Auch sein Bruder Maximilian schreibt rückblickend in einem Brief von 1831 von einer „freien, liberalen Erziehung": „Der seelige, gute Vater nahm mich als Knabe auf die Kaffeehäuser, lehrte mich das Kartenspiel, und ich bin weder ein Säufer noch Spieler geworden – Die ernste geistvolle Mutter zürnte nicht, wenn ich Schauspiele, Bälle, Conzerte, und mitunter auch andere stillere Vergnügungen besuchte."[4] Betty Heine ist um das gesellschaftliche Ansehen der Familie und besonders um das berufliche Fortkommen der Kinder bemüht und investiert daher viel Energie in deren konsequente Erziehung.

Betty Heine wünscht sich für ihren Sohn Harry eine kaufmännische Karriere, und als die Unternehmungen Samsons sowie die Filiale „Harry Heine & Comp." in Hamburg gescheitert

Klopstocks Grab unter der Linde auf dem Kirchhofe zu Ottensen bei Altona, kolorierte Lithographie von Peter Suhr, um 1830

sind, eine juristische Laufbahn: „Meine Mutter aber hatte große hochfliegende Dinge mit mir im Sinne und alle ihre Erziehungspläne zielten darauf hin. Sie spielte die Hauptrolle in meiner Entwicklungsgeschichte. Sie machte die Programme aller meiner Studien und schon vor meiner Geburt begannen ihre Erziehungsversuche. ... Sie beschloß ... jetzt daß ich eine Geldmacht werden sollte und jetzt mußte ich fremde Sprachen, besonders Englisch, Geographie, Buchhalten, kurz alle auf den Land- und Seehandel und Gewerbskunde bezügliche Wissenschaften studiren ... Da bald darauf eine große Handelskrisis entstand und wie viele unserer Freunde auch mein Vater sein Vermögen verlor und ich auf keine Geldfonds rechnen konnte, da platzte die merkantilische Seifenblase und meine Mutter mußte wohl eine andre Laufbahn für mich träumen. Sie meinte jetzt ich müsse durchaus Jurisprudenz studiren ... Sie hatte, wie ich schon erwähnt, eine Angst vor Poesie, entriß mir jeden Roman, den sie in meinen Händen fand ... schalt die Mägde welche in meiner Gegenwart Gespenstergeschichten erzählten, kurz sie that Alles mögliche um Aberglauben und Poesie von mir zu entfernen ... sie hatte nemlich damals die größte Angst, daß ich

Heinrich Heine, Zeichnung von Franz Theodor Kugler, 1829

ein Dichter werden möchte; das wäre das Schlimmste, sagte sie immer, was mir passiren könne."⁵

Obwohl es Heines Mutter zunächst nicht gefällt, wird Heine Poet. Die Zensur- und Verbotspraxis wird beständig verschärft und macht seine Existenz als freier Schriftsteller und Journalist in Deutschland nahezu unmöglich. Im Mai 1831 siedelt Heine schließlich nach Frankreich über, wobei dieser zunächst noch aus freien Stücken gewählte Aufenthalt in Paris bald zum Exil wird, aus dem er – von zwei Reisen nach Deutschland abgesehen – nicht mehr zurückkehrt. Die Beziehung zu seiner Mutter Betty ist daher 25 Jahre lang eine aus der Ferne und mit seinem Umzug nach Paris ist die räumliche Trennung nicht nur auf Zeit, sondern endgültig vollzogen. Als Heine nach Paris aufbricht, wohnt seine Mutter mittlerweile verwitwet in Hamburg.

Die über 900 Kilometer umfassende Distanz zwischen Paris und Hamburg überwinden Heine und seine Mutter durch einen regen Briefwechsel: Erhalten sind rund 100 Briefe von Heine und knapp 30 Briefe, die Betty – nicht selten mit einer Nachschrift von Charlotte versehen – an ihren Sohn richtet. Bettys oftmals kurze Nachrichten, in denen sie sich Sorgen um den Sohn macht, oder in denen sich auch Alltäglichkeiten widerspiegeln, sind auf die Zeit zwischen Dezember 1833 und November 1855 datiert. Der erste überlieferte Brief der Mutter ist jedoch außergewöhnlich lang und berichtet dem Sohn von einer Brandkatastrophe, die sich am 3. November 1833 durch ein Feuer im Kontor unter der Wohnung der Mutter auch auf deren Etage ausgedehnt hat. Neben einem Porträt Heines werden auch Briefe und Manuskripte Heines durch den Brand vernichtet, wobei Betty durchaus humorvoll anmerkt, sie könnte sich hierbei „noch mit dem gedancke trösten daß vielleicht etwas darunter war, was einmal Dein ruhm hätte schmällern können"⁶. Heines Mutter erlebt in Hamburg gleich zwei Brandkatastrophen, bei denen sie Hab und Gut verliert, was sicherlich auch einer der Gründe ist, warum nur so wenige Dokumente aus Heines Kindheit und Jugend erhalten sind.

Hamburger Brand im Mai 1842, Sprengung des Stadthauses von Salomon Heine, kolorierte Kreide-Lithographie von Peter Suhr, 1842

Eine weitere Feuersbrunst verwüstet im Mai 1842 einen großen Teil der inneren Stadt, wie es Heine in seinem *Wintermährchen* literarisch zugespitzt hat:

Die Stadt, zur Hälfte abgebrannt,
Wird aufgebaut allmählig;
Wie'n Pudel, der halb geschoren ist,
Sieht Hamburg aus, trübselig.

Gar manche Gassen fehlen mir,
Die ich nur ungern vermisse –
Wo ist das Haus, wo ich geküßt
Der Liebe erste Küsse?

Wo ist die Druckerey, wo ich
Die Reisebilder druckte?
Wo ist der Austerkeller, wo ich
Die ersten Austern schluckte?

Und der Dreckwall, wo ist der Dreckwall hin?
Ich kann ihn vergeblich suchen!
Wo ist der Pavillon, wo ich
Gegessen so manchen Kuchen?

Wo ist das Rathhaus, worin der Senat
Und die Bürgerschaft gethronet?
Ein Raub der Flammen! Die Flamme hat
Das Heiligste nicht verschonet.[7]

Abermals kommt Betty Heine knapp mit dem Leben davon. Umgehend wird ein Brief mit dieser guten Nachricht von Hamburg nach Paris abgeschickt. Allerdings notiert Betty: „ich mache mir große Sorgen, daß ich diesen Brief nicht frankieren konnte. Das wird Dir Kosten machen. Aber die Post ist abgebrannt."[8] Dies rührt

Charlotte Heine, Fotografie eines um 1840 entstandenen Ölgemäldes, 1921

Mathilde Heine, Fotografie von M. H. Fontès nach einem verschollenen Ölgemälde von Alexandre Laemlein, Paris um 1870

und erheitert Heine zugleich. Erleichtert antwortet er aus Paris seiner Mutter und seiner Schwester Charlotte: „Gestern Abend habe ich Euren Brief vom 7ten erhalten und habe dadurch wenigstens die letzte Nacht ruhig schlafen können. Vierundzwanzig Stunden lang bin ich ohne Kopf herumgegangen, seit ich die allgemeinen Nachrichten aus den Blättern erfahren … Meine arme gute Mutter! Laß Dich nur nicht aus Kummer über materielle Verluste zu sehr agitiren. Gott ist ein guter Mann. Diesmahl aber hat er sich auf die guten Löschanstalten Hamburgs zu sehr verlassen!"[9]

Der Briefwechsel Heines mit seiner Mutter wird von dem ständigen Wunsch getragen, seiner Familie in Hamburg einen Besuch abzustatten. Allerdings ist Heine sehr bewusst, wie gefährlich dieses Vorhaben sein kann: Die preußische Obrigkeit könnte ihn mit Sanktionen belegen und sogar gefangen nehmen lassen.

Über zehn Jahre lang verwirklicht sich Heines Wunsch nicht. Angetrieben durch die Sehnsucht nach seiner Mutter will er von ihr wissen: „Und

Du alte süße Katze, wie geht es Dir? Wenn Du stirbst, ehe ich Dich wiedersehe, schieße ich mich todt."[10] Schlussendlich reist Heine 1843 erstmalig von Paris nach Hamburg, um seine Familie zu besuchen, aber auch, um mit seinem Verleger Julius Campe einen neuen Verlagsvertrag abzuschließen. Im Vorfeld lässt er seine Mutter verschwörerisch wissen: „… und ehe Du Dich dessen versiehst, eines frühen Morgens stehe ich in Lebensgröße vor Dir. Das ist aber ein großes Geheimniß und Du darfst keiner Seele ein Wort davon sagen … und da ich auch hier niemanden davon spreche u auch schnell reisen werde, ist von den Regierungen nichts zu fürchten."[11]

Erste Notizen und Entwürfe für Heines berühmtes Werk *Deutschland. Ein Wintermährchen* müssen noch während der Hinreise entstanden sein. Diesen ersten Arbeiten folgen 1843/44 drei große Bearbeitungsschritte. In 27 Kapiteln und in 504 kunstvoll gereimten Strophen schildert Heines Meisterwerk satirisch die reaktionären Verhältnisse und die politische Unterdrückung in Deutschland. Die Obrigkeit belegt diese Zeitkritik mit scharfen Sanktionen: Heine wird steckbrieflich gesucht, das Werk flächendeckend verboten und beschlagnahmt; selbst Rezensionen unterdrücken die Zensurbehörden.

Einen Abschnitt seines Versepos, das auch von seiner Heimatliebe kündet, widmet er dem Wiedersehen mit seiner Mutter: In einem ritualisierten Frage-Antwort-Spiel versucht seine Mutter möglichst viel Persönliches von

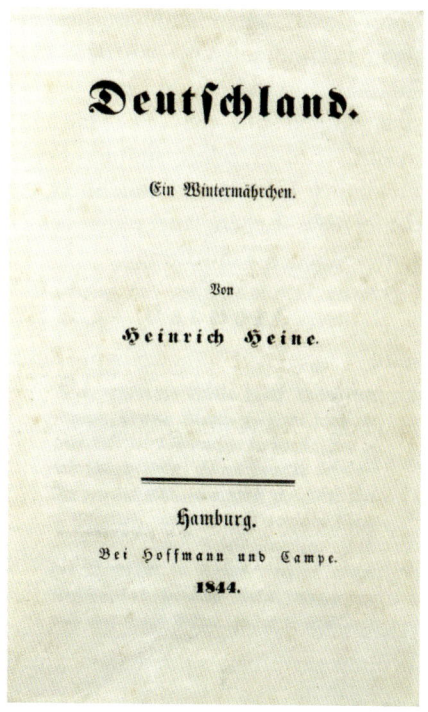

Heinrich Heine, Deutschland. Ein Wintermährchen, Hamburg 1844 (Erstausgabe)

ihm zu erfahren, während der Sohn kunstvoll und nicht minder rätselhaft ausweicht. Die literarisch ausgestaltete Mutter-Sohn-Begegnung ist in die Forschung als „Apfelsinengleichnis"[12] eingegangen.

Betty Heine scheint tatsächlich eine überaus neugierige Frau gewesen zu sein. So gesteht seine Nichte Anna Embden, eine Tochter seiner Schwester Charlotte, Heine einmal: „Großmutter liebe ich sehr, die gute Frau fragt einem nur die Seele aus."[13]

Der weitaus größte Anteil der Korrespondenz zwischen Mutter und wir unsere Lieben dadurch in Kummer versetzen. Wie gerne verließe ich die Welt, dächte ich nicht an die Rathlosigkeit meiner armen Verbrengerin, an den Gram der alten Schachtel, die am Dammthor wohnt und an die Thränchen meiner Schwester, deren Adresse ich immer vergesse."[20]

Heine ist klar, dass sich sein „Leibesbanquerott"[21] nicht abwenden lässt und er unheilbar krank ist. Trotzdem finden sich in der Korrespondenz mit seiner Mutter immer wieder aufmunternde Formulierungen, wie „Der Himmel erhalte uns alle!"[22], und er zeigt sich liebevoll bekümmert um das Wohlergehen seiner Mutter.

Als Heine am 17. Februar 1856 in Paris stirbt, tritt für Betty das lang Befürchtete ein: Sie überlebt ihren geliebten Sohn. Nach seinem Tod erkrankt sie, sicherlich auch aus Trauer und tief empfundenem Schmerz. Wider Erwarten erholt sie sich zwar, stirbt aber am 3. September 1859 hochbetagt an den Folgen der Cholera.

Mit seinen berühmten *Nachtgedanken*[23] hat Heine seiner Mutter ein literarisches Denkmal gesetzt.

Nachtgedanken.

Denk ich an Deutschland in der Nacht,
Dann bin ich um den Schlaf gebracht,
Ich kann nicht mehr die Augen schließen,
Und meine heißen Thränen fließen.

Die Jahre kommen und vergehn!
Seit ich die Mutter nicht gesehn
Zwölf Jahre sind schon hingegangen;
Es wächst mein Sehnen und Verlangen.

Mein Sehnen und Verlangen wächst.
Die alte Frau hat mich behext,
Ich denke immer an die alte,
Die alte Frau, die Gott erhalte!

Die alte Frau hat mich so lieb,
Und in den Briefen, die sie schrieb,
Seh' ich wie ihre Hand gezittert,
Wie tief das Mutterherz erschüttert.

Die Mutter liegt mir stets im Sinn,
Zwölf lange Jahre flossen hin,
Zwölf lange Jahre sind verflossen,
Seit ich sie nicht an's Herz geschlossen.

Deutschland hat ewigen Bestand,
Es ist ein kerngesundes Land,
Mit seinen Eichen, seinen Linden,
Werd' ich es immer wiederfinden.

Nach Deutschland lechz' ich nicht so sehr,
Wenn nicht die Mutter dorten wär';
Das Vaterland wird nie verderben,
Jedoch die alte Frau kann sterben.

Seit ich das Land verlassen hab',
So viele sanken dort in's Grab,
Die ich geliebt – wenn ich sie zähle,
So will verbluten meine Seele.

Und zählen muß ich – Mit der Zahl
Schwillt immer höher meine Qual,
Mir ist als wälzten sich die Leichen
Auf meine Brust – Gottlob! sie weichen!

Gottlob! durch meine Fenster bricht
Französisch heit'res Tageslicht;
Es kommt mein Weib, schön wie der Morgen,
Und lächelt fort die deutschen Sorgen.

Anmerkungen

1 Bei diesem Aufsatz handelt es sich um eine gekürzte und veränderte Fassung meines Beitrages „Betty Heine" in: „Ja, die Weiber sind gefährlich!" – Heinrich Heine und die Frauen, Hamburg 2015.
2 Vgl. Edda Ziegler: Heinrich Heine – Der Dichter und die Frauen, Düsseldorf und Zürich 2005.
3 HSA, Bd. 22, S. 66, Brief Nr. 952, 18. September 1843.
4 HSA, Bd. 24, S. 93, Brief Nr. 68, wahrscheinlich 15. Oktober 1831.
5 DHA, Bd. 15, S. 62 ff.
6 HSA, Bd. 24, S. 231, Brief Nr. 158, Anfang Dezember 1833.
7 DHA, Bd. 4, Caput XXI., S. 137.
8 HSA, Bd. 26, S. 27, Brief Nr. 640, 7. Mai 1842.
9 HSA, Bd. 22, S. 23, Brief Nr. 899, 13. Mai 1842.
10 HSA, Bd. 22, S. 66, Brief Nr. 952, 18. September 1843.
11 HSA, Bd. 22, S. 68, Brief Nr. 954, 18. Oktober 1843.
12 DHA, Bd. 4, Caput XX., S. 135 ff.
13 HSA, Bd. 26, S. 303, Brief Nr. 906, 25. Juli 1851.
14 HSA, Bd. 22, Brief Nr. 1194, 7. Juni 1847, Brief Nr. 1208, 6. November 1847 und Brief Nr. 1209, 4. Dezember 1847.
15 HSA, Bd. 22, S. 249, Brief Nr. 1185, 19. April 1847.
16 HSA, Bd. 23, S. 29, Brief Nr. 1286, 22. März 1850.
17 DHA, Bd. 3/1, Nachwort zum Romanzero., S. 177.
18 Ebd.
19 HSA, Bd. 22, S. 321, Brief Nr. 1277, 24. Oktober 1849.
20 HSA, Bd. 23, S. 27, Brief Nr. 1283, 15. März 1850.
21 HSA, Bd. 23, S. 49, Brief Nr. 1303, 26. September 1850.
22 HSA, Bd. 22, S. 62, Brief Nr. 946, 18. Juni 1843.
23 DHA, Bd. 2, Zeitgedichte, XXIV, S. 129 ff.

Nikolaus Gatter

„IHR EDLES, STILLES, KONSEQUENTES WESEN UND LEBEN BEWUNDRE ICH IMMER"

Heines Freundinnen Rosa Maria und Rahel Varnhagen

Acht Biographien sind in Buchform erschienen, seit Rahel Varnhagen vor 183 Jahren verstarb.[1] Den Stoff lieferte sie selbst mit rund 6.000 Briefen. Ihre Lebensansichten, die Verzweiflung über die ihr auferlegten Rollen als Jüdin und Frau, ihre gescheiterten Liebesaffären – über all das hat sich Rahel in der ersten Person Singular ausgesprochen. Dem *Buch des Andenkens für ihre Freunde* (1833/34) folgte eine unabsehbare Fülle von Auswahlbänden, Essays und Dissertationen.[2]

Dass Rahels Briefe, Tagebücher und Aphorismen nicht verloren gingen, dafür sorgte ihr Witwer, der Biograf und Literaturkritiker Karl August Varnhagen von Ense. Seinen Rezensionen hatte auch Heinrich Heine den frühen Dichterruhm zu verdanken. Kaum noch bekannt ist hingegen Varnhagens Schwester, eine Hamburgerin, die unter ihren Vornamen Rosa Maria als Schriftstellerin und – mit fein gearbeiteten Scherenschnitten, hauptsächlich von Pflanzen und Märchenpanoramen – als bildende Künstlerin auftrat.[3] Nur die wenigsten wissen, wie sehr Rahel, mit der sie nur für wenige Tage in Berlin zusammentraf, ihre Schwägerin geschätzt hat.[4]

Als eigenständiges Buch gab Rosa Maria die Novelle *Der Schornsteinfeger* heraus, die Eindrücke aus ihrer Straßburger Mädchenzeit verarbeitete.[5] Ihre Stoffe entnahm die Autorin der Historie und Sagenwelt, dem Kleinbürger- und Handwerkeralltag. Sie warnte vor zwanghafter Anpassung an Tugendkataloge, vor der Unfreiheit zu früh geschlossener Ehen, forderte die Frauen zu selbstbestimmter und weltoffener Haltung auf. „Die Phantasie hat gar nichts dazu gethan", stellte ein Rezensent fest, „weder in Bildern noch Worten, und warum ergreift uns doch diese ungeschmückte Wahrheit, dieses schlichte, fast nachlässige Aussprechen von Dingen und Vorstellungen, die aus dem trivialen Leben

Rahel Varnhagen von Ense, Pastell von Schmidt nach Peter Friedel, um 1800

gegriffen sich in nichts über dieses erheben?"⁶

Adelbert von Chamisso gefielen Rosa Marias Gedichte, in denen er Anklänge an Heine entdeckte: „Ist das Lob oder Tadel? ... vielleicht beides zugleich!", war ihre Reaktion darauf: „Chamisso hat jedoch recht gut gesehen, ich weiß am besten was daran ist und wie sie entstanden sind; es ist natürlich daß ich in einer Weise die mich so sehr ansprach, mich auch versucht habe."⁷

Lyrik, Balladen, Feenmärchen, Übersetzungen aus dem Altfranzösischen erschienen in Anthologien und Zeitschriften, im Berliner *Gesellschafter*, der auch Heine druckte, oder im *Rheinischen Odeon*. Die schwäbischen Dichter um Justinus Kerner, Uhland und Schwab waren Jugendfreunde; oft gab es Anlass für Gruß- oder Gelegenheitsgedichte. Rosa Marias Schriften – allerdings nicht die Briefe – wurden, nachdem sie 1840 verstorben war, durch ihren Witwer, den aus Königsberg stammenden David Assing (ein Onkel von Fanny Lewald) gesammelt und publiziert.⁸ Ihre jüngere Tochter hütete bis zu ihrem Tod 1880 mit dem Nachlass Varnhagens auch den ihrer Eltern und bemühte sich um Wiederabdrucke. Eine Biographie, die Ludmilla Assing bis ins Jahr 1816 ausführte, blieb ungedruckt.⁹

Der Pfingsttag 1771, der 19. Mai, ist ein angenommenes Datum für Rahels Geburtstag, der in ihrer Kindheit nie gefeiert wurde. Rosa Maria wurde am 28. Mai 1783 geboren. Beide lernten überdurchschnittlich schnell und

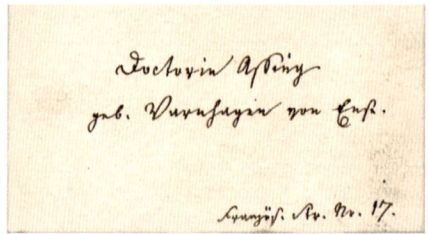

Visitenkarte von Rosa Maria: Doctorin Assing geb. Varnhagen von Ense. Französ. Str. No. 17.

viel, obwohl damals für weibliche Bildung kaum etwas getan wurde. Rahel, die oft darüber klagte, erhielt als Kind wohlhabender jüdischer Eltern immerhin Fremdsprachen-, Tanz- und Klavierunterricht, las Shakespeare (im Original) und Goethe, den sie maßlos verehrte und tiefsinnig deutete. Die Tochter des Geldhändlers Markus Levin reiste nach Schlesien, Böhmen, Holland und Frankreich und nahm indirekt Anteil an den Studien ihrer Brieffreunde. Frühzeitig übernahm sie Erziehungsaufgaben bei vier jüngeren Geschwistern, zumal nach dem Tod ihres Vaters (1790). Eine Schwester heiratete in den Niederlanden, drei Brüder übernahmen für die unverheiratete Rahel eine Art Vormundschaft. Sie war Ende Dreißig, als sie ihre erste eigene Wohnung beziehen durfte.

Auch Rosa Marias Kindheit verlief nicht ungetrübt, dafür wurde sie viel früher selbstständig. Die Eltern – der Aufklärer Johann Jakob Varnhagen, der in Düsseldorf als kurpfälzischer Medizinalrat wirkte, und Anna Maria geb. Kunz, Tochter eines Straßburger Ratsherrn – waren unterschiedlicher Konfession. Die Tochter wurde evangelisch, der anderthalb Jahre jüngere Karl August katholisch getauft. Von der Französischen Revolution begeistert, übersiedelte der Vater mit ihnen 1790 nach Straßburg. Seine Hoffnung auf eine Universitätsprofessur zerschlug sich, auch die Rückkehr nach Düsseldorf scheiterte. Als Sympathisant der Jakobiner verdächtigt, wurde er ausgebürgert und damit staatenlos.

Anna Maria Varnhagen blieb in Straßburg, wo Rosa Maria an Saint-Nicolas die Klasse eines Magister Haug besuchte, dessen reformpädagogische Ideen sie später aufnahm. Später erhielt sie an der Nationalschule bei deren Gründer, dem ehemaligen Kantor Jacques-Frédéric Dorn, gemeinsamen Unterricht mit jüdischen Mädchen. Ihre Kenntnis französischer Lieder, die sie zur Gitarre spielte, geht wohl auf Dorn zurück. Der Vater ließ sich mit dem Sohn, den er auf den Medizinerberuf vorbereitete, in Hamburg nieder. Hier kam die Familie nach vierjähriger Trennung im April 1796 wieder zusammen; drei Jahre später starb Johann Jakob Varnhagen. Während ein Gönner Karl August auf ein militärärztliches Kolleg nach Berlin schickte, war Rosa Maria Varnhagen gezwungen, berufstätig zu werden.

Mit ihren Sprachkenntnissen, die in der Franzosenzeit gefragt waren, konnte sich die 18-Jährige als Erzieherin qualifizieren: anfangs mit wenig Glück bei Familie Kähler, deren zwei Töchter schon über das Gouvernantenalter hinaus waren, später als Gesellschafterin bei der Kaufmannswit-

Scherenschnitt „Elfenwagen" von Rosa Maria Assing

we Reissig. Zu ihrem Kreis gehörten ihr Bruder und dessen Tochter Tine Hecker, die am 6. Juli 1800 den Kaufmann Zeyme geheiratet hatte.[11] Mit deren Kindern und Madame Reissig lebte Rosa Maria ab 1803 in Zeymes Gartenhaus vor dem Dammtor auf dem Grindelberg. Im Winter wohnte sie mit ihrer Arbeitgeberin vor dem Steintor; für die vier Kinder (zwei davon in ihrer Zeit geboren) erfand sie Spiele und fertigte Scherenschnitte an. Diese seit Kindertagen geübte, später zur Perfektion gereifte „kleine Kunst" (wie Rosa Maria sie bezeichnete) wurde vermutlich von Philipp Otto Runge beeinflusst; die Bekanntschaft mit Runges Lehrer Herterich stammte aus dieser Zeit. Marie Hülsenbeck – das älteste der von Runge 1804 porträtierten *Hülsenbeckschen Kinder* –, gehörte zu Rosa Marias Schützlingen, die sie später – am 25. Oktober 1829 und am 23. Januar 1831 – wiedersah. Nach dem Tod der Erzieherin schrieb Run-

Scherenschnitt „Badende" von Rosa Maria Assing

ges Bruder Johann Daniel an Varnhagen.¹²

Auf Vermittlung ihrer jüdischen Freundin Fanny Hertz, geb. Bacher, bewarb sich Rosa Maria im damals dänischen Altona bei Familie von Halle. „Du kannst kaum glauben", schrieb sie nach Berlin, „welch einen Lerm und Aufsehen es unter meinen Bekannten machte, als man erfuhr daß ich in dem Hause eines *Juden* diese Stelle annehmen wollte"; sie war aber bereit, dem „qu'en dit-on Trotz zu bieten".¹³ Auch mit der Senatorin Catharina Jenisch stand sie in Verhandlungen. Eingestellt wurde sie schließlich als Hauslehrerin bei Georg Oppenheimer, der ihr bei freier Kost und Logis ein fürstliches Jahresgehalt von 30 Louisd'or zahlte.¹⁴ Damit konnte sie auch ihre Mutter unterstützen.

Den „Nordsternbund", eine Dichtergruppe, hatte ihr Bruder 1803 in Berlin mit Adelbert von Chamisso gegründet. Chamisso freundete sich mit Rosa Maria an, die er in Hamburg besuchte; „zu großer Verwunderung mancher Menschen, die ein solches Verhältniß zwischen einem jungen Mädchen und jungen Manne, die anderweitig noch gar nicht gefesselt waren, nicht für möglich hielten, und meinten, ein anderes Verhältniß müsse sich dahinter verbergen, oder später daraus entwickeln."¹⁵

Er teilte ihr Interesse für Pflanzenkunde (sie botanisierte und hatte später üppige Wintergärten), was mit zu seinem Entschluss beitrug, Botaniker zu werden. Auch Rahels Bruder, der Dramatiker Ludwig Robert zählte zu dem Bund, ebenso wie Rosa Maria, deren Lyrik zuerst in den von Chamisso und Varnhagen herausgegebenen Almanachen erschien.¹⁶

Ihrem Bruder vermittelte sie eine Erzieherstelle bei Fanny Hertz, die Karl August nach 1804 das Weiterstudieren finanzierte. Als Familie Oppenheimer nach England auswanderte, gründete Rosa Maria in Altona mit einem Kredit ihres letzten Arbeitgebers am 1. Januar 1811 eine Töchterschule, die sie 1814 nach Hamburg verlegte. Karl August schloss 1809 das Medizinstudium ab und trat erst in österreichische, dann in russische Kriegsdienste. 1811 griff er durch das „von Ense", das auch Rosa Maria hinter ihren Namen setzte, den längst erloschenen Adel seiner Vorfahren auf. Zur Familienforschung hatte ihn nicht zuerst Rahel angehalten, wie manche meinen, sondern die Schwester – vielleicht, um seine Rekrutierung für

Rahel (Friederike) Varnhagen von Ense, née Levin Wilhelm Hensel, Bleistift auf Papier, 27.7.1822

Varnhagen von Ense, Stahlstich, von Julius Kuhr (September 1835) nach einem Pastell von Johann Joseph Schmeller (12./13.9.1834)

Napoleons Kriege zu verhindern, die den im Gebiet des Rheinbundes (auch vor 1789) geborenen Deutschen drohte; Adlige konnten sich davon notfalls freikaufen.[17]

Als Hauslehrer bei Familie Cohen in Berlin war Karl August schon Rahel Levin begegnet. 1808 wurden sie ein Paar, es war der Auftakt zur vieljährigen Trennungs- und Verlöbniszeit. Ohne den Namen zu nennen (der ihr vielleicht schon bekannt war), deutete er seiner Schwester im Januar 1812 diese Herzensneigung an.[18] Nach den Befreiungskriegen, die ihn 1813 ins befreite Hamburg führten, das von den Franzosen zurückerobert worden war, konnten Rahel und Karl August Varnhagen am 27. September 1814 heiraten. Sie nahm zuvor den evangelischen Glauben und den Namen Friederike Antonie an; für ihre Freunde blieb sie aber, wie sie den Assings schrieb, „auch" Rahel. Der preußische Staatskanzler Hardenberg hatte Verwendung für Varnhagens gewandte publizistische Feder; unmittelbar nach der Hochzeit befahl er ihn zum Wiener Kongress, mit Aussicht auf einen Diplomatenposten, den er ab 1815 für vier Jahre in Baden innehatte.

So kam es, dass Rosa Maria ihre Schwägerin spät kennenlernte und zuerst als Autorin wahrnahm. 1823 hatte ihr Bruder eine Sammlung zeitgenössischer Urteile über Goethe herausgegeben, zu dessen Geburtstag am 28. August, die auch Rosa Maria erhielt. „Große Freude über viel Treffliches darinnen", notierte sie in ihr Tagebuch, „besonders über die Briefe einer Ungenannten, die zum Tiefsten und Schönsten gehören was ich je gelesen habe, und in welchem ich meines Bruders Frau erkannt habe, so fühlt, versteht und würdigt sie Göthe."

Erst recht vermochte das *Buch des Andenkens* ihr die Geisteswelt Rahels zu erschließen: „Ein einziges, ein großartiges buch, ein wahres erquickungsbuch für alle zeit und alle stimmung. Nehme ich es in die hand, so kann ich nicht wider davon lassen."[19]

Auch Rosa Maria Varnhagen verlobte sich mit einem Partner jüdischer Herkunft. Den Medizinerkollegen David Assur hatte ihr im Winter 1811/12 Justinus Kerner gesandt, der Rosa Maria 1809 bei Oppenheimers besucht hatte. Seit er bei chemischen Experimenten ein Auge verloren hatte, litt Assur an Schwermut; in Hamburg fand er „Kraft und Trost, weil ich an der Rosaquell sitze, aus der beim trübsten nebelichsten Wetter klares Wasser quillt"; sie entdeckte „viel Hohes und Göttliches in ihm, ... Kindlichkeit und Demut", wünschte dem vier Jahre Jüngeren aber „mehr Kraft und Schicklichkeit für das äußere Leben".[20]

Trotz seines Augenleidens zog Assur als Sanitätsoffizier in die Befreiungskriege und wurde mit dem Eisernen Kreuz ausgezeichnet. Varnhagen hatte seiner Schwester geraten, vor den Kampfhandlungen in Norddeutschland nach Bremen auszuweichen. Rahel, die sich jetzt Robert nannte, lebte im Frühjahr 1813 in Prag, wo sie ein Hilfswerk für Verwundete aller Kriegsparteien organisierte.

Mit ihrer Heirat am 1. Mai 1816 gab Rosa Maria ihre Schule auf. Ihre pädagogischen Grundsätze, mit denen sie Kindern auf Augenhöhe begegnete (was an die ungewöhnliche Perspektive in Runges Kinderporträt erinnert), erprobte sie nun am eigenen Nachwuchs. Von ihren Zöglingen trennte sie sich mit dem „Künstlergefühl", das sie beim Erziehungsprozess leitete: „Ich will ja Kinder um mich haben, und haben sie aufgehört Kinder zu sein, so gehören sie ja doch nicht mehr mir, sondern der Welt an."[21] David Assur, der als Jude nicht in Hamburg praktizieren durfte, ließ sich wie Rahel taufen, legte aber die jüdischen Vor- und Nachnamen nicht ab, sondern fügte den europäisierten Namen „Assing" hinzu. Anfangs als städtischer Armenarzt für die jüdische Bevölkerung zuständig, hatte er später eine eigene Praxis und übernahm vertretungsweise Patienten seines Freundes Wilhelm Christian Birkenstock.

Nachdem 1816 ein erstes Kind zur Welt kam (Carl Eginhard, der seinen zweiten Namen zum Andenken an Justinus Kerner erhielt), aber nur zehn Monate lebte, bekam das Ehepaar Assing zwei Töchter: Ottilie (1819) und Ludmilla (1821). Sie wurden früh ins Theater und in die Hamburger Kunstausstellung mitgenommen (wo

Unsignierte Scherenschnitte, wahrscheinlich von Rosa Maria Assing

Rosa Maria 1833 ausgestellt hat),²² erlernten selbst die Silhouettierkunst, sie bekamen Klavierunterricht und rezitierten Dramen, auch französische, mit verteilten Rollen. Als Heranwachsende sah man sie in Campes Buchladen über den Messekatalog diskutieren; im Salon ihrer Eltern begegneten sie Autoren des Jungen Deutschland wie Karl Gutzkow, Theodor Mundt und Ludolf Wienbarg.²³ Rosa Maria unternahm Reisen mit ihnen an den Rhein, nach Süddeutschland, ins Elsass und nach Paris, wo sie Heine besuchten.

Zu ihren Freunden gehörten auch der jüdische Aufklärer Salomon Ludwig Steinheim, der von den Töchtern Onkel genannt wurde, der Verfechter der jüdischen Emanzipation und spätere Paulskirchen-Abgeordnete Gabriel Riesser und Amalia Weise von Fehmarn, die Rosa Maria 1808 kennenlernte. Unter deren Einfluss schrieb sie erste Gedichte und wurde nach einer gescheiterten Ehe unter dem Namen Amalie Schoppe zur professionellen Autorin. Neben Ratgebern, Kinderbüchern und etlichen Dutzend Romanen gab sie Kalender, Mode- und Kunstzeitschriften heraus. Diesen Weg, der das echte dichterische Talent zerstören müsse, hat Rosa Maria abgelehnt; ihrer besten Freundin versagte sie das Lob ihrer Romane, was ihr Einvernehmen nicht trübte. Schoppe förderte Friedrich Hebbel, der David Assings ärztliche Hilfe in Anspruch nahm. Einem ihrer Söhne, der bei der Eisenbahngesellschaft angestellt war, folgte Schoppe nach Amerika und starb 1858 in Schenectady im Bundesstaat New York. Ihre journalistische Korrespondenz im *Morgenblatt für gebildete Leser* übernahm Rosa Marias Tochter Ottilie Assing, die ebenfalls in die USA auswanderte.²⁴

1823 vermittelte Karl August Varnhagen, dessen Zeit als preußischer Diplomat vorüber zu sein schien, seiner Schwester die Bekanntschaft von Heinrich Heine; „unser Landsmann aus Düsseldorf", schrieb er im Empfehlungsbrief, „soll euch … recht viel

Hamburg, Aussicht vom Stintfang nach Norden, kolorierte Federlithographie von Jes Bundsen, 1823

von uns erzählen".[25] In Rosa Marias Salon hatte er in dieser Zeit verschärfter Zensurmaßnahmen und Postkontrollen gewiss vieles mitzuteilen. Das Ehepaar war im Oktober 1819 nach Berlin zurückgekehrt, als der Minister-Resident Varnhagen auf Metternichs Betreiben abberufen worden war. Zunächst musste er königliche Ordre zu neuer Verwendung abwarten und wurde später noch für Sondermissionen eingesetzt. Im Sommer 1823 durfte Karl August endlich nach Hamburg reisen, wo er seine Schwester und auch Heine wiedertraf; Rahel, die ihn eigentlich begleiten wollte, fühlte sich nicht kräftig genug.

Damals war das Verhältnis Rahels zu Heine, das zu den „Sternstunden der deutschen Literaturhistorie"[26] zählen mag, keineswegs spannungsfrei. „Sie sollen kein Brentano werden, ich leid es nicht", ließ sie ihren Mann ausrichten,[27] womit sie die von Clemens Brentano erfahrenen, auf ihr Judentum anspielenden Kränkungen meinte. Heine hat stets beteuert, wie er sich durch die Varnhagens „aufgeheitert, und gestärkt, und gehobelt, und durch Rat und Tat unterstützt, und mit Makkaroni und Geistesspeise erquickt" fühlte.[28] „Gehobelt" – damit klingt an, dass Rahel mehr „Ernst" von Heine verlangte, was Christian Liedtke treffend als „Eltern-Rollenspiel" beschrieben hat.²⁹ Ästhetische Vorbehalte hegte Rahel sogar gegen Heines Auftreten – so „rochen seine Stiefel nach Schuster, seine Kleider nach stockig", und sie musste die „Fenster nach ihm aufsperren".³⁰ Sie missbilligte gezielte Provokationen oder Scherze auf Kosten seiner Gesprächspartner. Wenn Heine Goethe verwarf und im gleichen Atemzug den politischen Abenteurer Wit von Dörring über Gebühr lobte, empörte dies Rahel so sehr, dass sie der Frau des einflussreichen Verlegers Cotta – Heines Arbeitgeber – davon erzählte: „Heine – sag' ich – wird sich immer von neuem besudeln, denn auch dem ist's genug, ein Aergerniß zu geben …"³¹

Ganz anders Rosa Maria Assing, von der man vielleicht eher erzieherisches Schulmeistern erwartet hätte. Sie nahm keinerlei Anstoß an ihrem Besucher. Zwar hielt ihr Mann Heine für eitel und egoistisch, davon ließ sie sich aber nicht beirren: „Es ist wahr, er spricht viel und gern über sich selbst, aber immer geistreich, und ich mag mich sehr gern im Gespräch mit ihm ergehen; auch verhehlte ich ihm nicht wie sehr mir die Beschreibung seiner Harzreise gefallen hat." (3. März 1826)

Mit großem Vergnügen las sie Heines Gedichte und *Reisebilder*, die unter anderem wegen der Idealisierung Napoleons umstritten waren: „Manche fassen dieß nicht, ich begreife es jedoch sehr wohl, als Gestalt, wie sie in der Seele eines Buonapartisten stehn könnte, warum sollte sich

Rahel Varnhagen von Ense, Pastell von Moritz Michael Daffinger, Ende August 1818

die Phantasie des Dichters nicht in diese versetzen können?" (4. Oktober 1827)

Minutiös hielt Rosa Maria in ihrem Tagebuch am 2. August 1826 die abschätzigen Urteile in ihrem Hamburger Bekanntenkreis fest: „Assing und unsere Freunde äussern sich mit dem entschiedensten Tadel gegen Heine's Reisebilder, und verwerfen durchaus die Richtung und den Geist, die in seinen Erzeugnissen walten. Man gesteht ihm Talent zu, behauptet aber daß er es im Gottlosen, Frechen, Uebermüthigen und Sinnlichen verschwende.

Steinheim nennt ihn einen moralischen Shylock, einen gefährlichen Menschen, dem er nichts anvertrauen

Heinrich Heine, Porträt von Colla, Öl auf Elfenbein, um 1825

möchte, dem nichts heilig sey, der sich an Allem vergreifen würde.

Assing kann den ganzen Menschen nicht leiden, seine Gedichte eckeln ihn an, eine Fäulniß des Sinnes will er darin finden, und sieht es als ein trauriges Zeichen unserer Zeit an daß ein solches Buch Eingang finden und gefallen kann.

Stintzing wollte es seine Frau nicht lesen lassen, und meinte es sey doch wahrlich nicht chevaleresk, einer Dame dieß Buch zu überreichen.

Birkenstock hat nur flüchtig hinein gesehen, in ein unaufgeschnittenes Exemplar wie er es vom Buchhändler zugeschickt erhalten hatte, und wurde von dem Wenigen was ihm in die Augen fiel nicht angezogen. Auf meine Einwendung daß dieß Buch, welches so sehr das Interesse in Anspruch nehme, zu Lob und Tadel so vielseitig aufrege, nicht ohne Gehalt seyn könne, erwiederte er: ‚Auch die Schlange hat etwas Schillerndes und Glänzendes.'"

Rosa Maria wurde ebenso wie Rahel von Heine provoziert, wenn er, wie am 23. Dezember 1830, gegen ihre Freunde, die schwäbischen Dichter, oder gegen die „Poesie des Rittertums" zu Felde zog, womit die von ihr übersetzten französischen Minnelieder gemeint waren. Sie wusste solche Attacken schlagfertig zu parieren: „Ich sagte ihm er solle ja den chevaleresken Sinn unangefochten lassen, ohne welchen die Männer höchst unliebenswürdig seyn würden. Er erwiederte er bemühe sich ihn überall todt zu schlagen. Ich versicherte ihm das würde ihm nie gelingen."

Mit der Zeit änderte sich natürlich auch Rahels Urteil über Heine, der sich wiederholt auf sie als Vorbild berief, besonders, wenn es um Fragen jüdischer Existenz in der christlichen Mehrheitsgesellschaft ging, und der ihr die Gedichte der *Heimkehr* aus den *Reisebildern* gewidmet hatte. Ausdrücklich stellte Heine fest, „daß mich niemand so tief versteht und kennt wie Frau v. *Varnhagen*".[32] Und sie gefiel sich in dieser Rolle der Patronin. Für Rahel selbst wurde indessen ihre Schwägerin in den späten 1830er-

Jahren zum vorbildhaften Muster. Die außerordentliche Wertschätzung, die sie ihr entgegenbrachte, bezog sich auf ihr „edles, stilles, konsequentes Wesen und Leben".[33] Ein mögliches Motiv dafür mag sein, dass der Erzieherin und Mutter, der es an Bildungsstreben und Kreativität nicht fehlte, ein weibliches Lebensmodell geglückt war, das Rahel nach eigener Einschätzung so nicht verwirklichen konnte.[34]

Dies schlug sich allerdings nicht in üppiger Korrespondenz nieder. Im *Buch des Andenkens* sind nur fünf Briefe Rahels an Rosa Maria enthalten;[35] einer war für die nicht zustande gekommene dritte Auflage vorgesehen, weitere sind in anderen Korrespondenzen[36] oder außerhalb der Sammlung zu finden.[37] Meist sind es Anhänge zu Briefen von Karl August, wie beim Glückwunsch zur Geburt des erstgeborenen Assing-Sohns und bei dessen Tod am 19. April 1817 auf einer an David gerichteten, von Rahel nachschriftlich beiden Eltern gewidmeten Kondolenz.[38] Als Anna Maria Varnhagen im Sterben lag, sandte Rahel einen großen Beileidsbrief an Rosa Maria (und ließ einen kürzer gefassten an David Assing folgen). Die Adressatin wurde hier in emotionaler Klimax – jeweils mit dem Beiwort „lieb" –, als „Frau" und „Tochter", beide Ehepartner als „Kinder", am Ende des Briefs Rosa Maria als „Schwester" und „Freundin" apostrophiert.[39]

Diese Attribute – eine klassische Abfolge von Sozialisationsstufen im Erziehungsprozess – waren keine Floskeln. Dabei haben sich die beiden Frauen nicht unkritisch angeschwärmt. Die offensive Mutter nahm ihre elf- und neunjährigen Töchter nach Berlin mit; dies „strengte mich an", wie die gealterte Rahel Varnhagen über den Besuch schrieb, obwohl Rosa Maria „*voller* Einsicht, *keine* Prätension" gezeigt habe, „aber ich hatte sie".[40] Dass die Schauspielerin Sophie Schröder in Rahels Geselligkeit deklamierte, fand Rosa Maria übertrieben: „Ihre Stimme und die ganze Weise des Vortrags schien mir sich mehr für die Bühne zu eignen, und war für den Salon ein wenig zu stark." (12. Juni 1830)

Sie beklagte auch die Kinderlosigkeit des Ehepaars, das zwei Großnichten Rahels oft zu sich nahm und verwöhnte; dies zeige, so das Tagebuch, „deutlich genug wie tief das Bedürfniß nach solchem Glück in ihnen liegt. Was sie entbehren kann nur derjenige einsehen der selbst Kinder hat, und so begnügen sie sich um so leichter mit dem Ersatz, meinen irrig es sey dasselbe." (Juli 1830)

Beim Vergleich ihrer Ehen unter dem Aspekt der jeweiligen Partner erkannte Rahel die Gleichrangigkeit mit der Schwägerin an („Was doch der Assing und der August für vortreffliche Frauen haben!") und plädierte fürs „Genießen, empfinden, durchschätzen, was wir ... Besonderes besitzen. Und bei uns beiden, theure Rosa, ist das viel, und auch vieles."[41]

Am Ende ihres eigenen Weges glaubte Rahel in Rosa Maria, deren

Umgang sie ersehnte, das Ideal eines „gehörigen, vernünftigen, liebevollen Lebens" realisiert; „gehörig mit Geist besprengt; vor der Welt nicht verschlossen, die höhere als Untergrund und im Aug behalten" – ohne dabei den Tod („Wichtigste Hälfte hiesigen Lebens") zu verdrängen. Rahel, die keine Dichtungen schuf und keine Familie gründete, sich in der eigenen nicht ernst genommen fühlte, ihren sozialen Kontext selbst herstellen und verkörpern musste, gab der *vita contemplativa* der Schwägerin in der norddeutschen Provinz den Vorzug vor der eigenen urbanen, intellektuellen Existenz. Sie formulierte angesichts der Schwägerin ihre Utopie eines geglückten Daseins, das ihr versagt geblieben war: „Vater, Mutter, Kinder wie sie sein sollen, jedes als Ingredienz der wahren Familie."[42]

Freilich kannte Rahel Varnhagen die Lebensumstände der Assings gar nicht aus eigener Anschauung. Einer vielfach wiederholten Sentenz Hannah Arendts folgend, wird Heinrich Heine als Erbe Rahels betrachtet, dem sie ihr rebellisches Herz vermacht habe. So wie sie Heine als ihren ungefügen Zögling wahrgenommen hatte, schienen Rosa Maria und ihr vermeintliches „Idyllenleben" Rahels konservativem Weiblichkeits- und Mutterbild zu entsprechen. Die Beiwörter, die Rahel für ihre Charakteristik wählte, finden sich in Varianten auch bei anderen Zeitgenossen, die von Rosa Marias pragmatischer Genügsamkeit berichten. Chamisso hob an ihr die „heitre Ruhe, Klarheit und Festigkeit" hervor,[43] und selbst Heinrich Heine rühmte ihre „Besonnenheit und Milde" in einem brieflichen Nachruf.[44]

Des Dichters letzte Worte über Rosa Maria werden oft irrig im Hinblick auf sein Verhältnis zu Rahel gedeutet; er erwähnt diese aber gar nicht, sondern nur beiläufig ihre Briefe. Rosa Maria, die Heine 1835 in Paris wiedertraf, zählte jedenfalls zum Netzwerk seiner „Vertrauten, zu dem heimlichen Kreise, wo man sich versteht ohne zu sprechen". Der Grundakkord ihrer Beziehung war nicht Patronage, sondern ein unbedingtes Einverständnis. Mit Rosa Maria sei die „stille Gemeinde", die keiner formalen oder verbalen Bekräftigung des Zusammenhalts, jedenfalls nicht der ständigen körperlichen Präsenz bedurfte, nahezu erloschen: „Wir, wir verstanden einander durch bloße Blicke, wir sahen uns an und wußten, was in uns vorging ..."

Mit diesen Andeutungen räumte Heine zugleich dem Freund Varnhagen gegenüber ein, wie sehr ihn der Verlust dieser esoterischen Solidarität und die nun drohende Isolierung bedrückten: Die nachwachsende Generation wisse „weder was wir gewollt, noch was wir gelitten", niemand mehr werde „diese Augensprache ..., und unsere hinterlassenen Schriftmähler" (wie etwa Rahels „unenträthselbare Hieroglifen") entziffern. Rosa Maria, die keine Berufsschriftstellerin sein wollte und Silhouettieren als Kleinkunst betrachtete, repräsentierte für Rahel Varnhagen, die einen Vorschein besserer Zukunft darin erkennen wollte, wie für Heinrich Heine, der eine geistige Verödung befürchtete, etwas, das schwer zu meistern und ihnen selbst unerreichbar war: eine bewundernswürdige Lebenskunst.

Anmerkungen

1 Eduard Schmidt-Weißenfels (1857), Otto Berdrow (1900), Ellen Key (1905), Jean-Edouard Spenlé (1910), Hannah Arendt (1957), Heidi Thomann Tewarson (1986), Carola Stern (1994), Sulamith Sparre (2007).
2 Nach dem Erstdruck 1833 erweitert 1834; vgl. Rahel. Ein Buch des Andenkens für ihre Freunde [hg. v. Karl August Varnhagen von Ense], Berlin 1834, Neudruck als Bd. I–III in: Gesammelte Werke. 10 Bde, hg. v. Konrad Feilchenfeldt, Uwe Schweikert und Rahel E. Steiner, München 1986 (im Folgenden: GW) und die nach Varnhagens Manuskript einer geplanten dritten Ausgabe erweiterte Auswahl von Barbara Hahn (Hg.): Rahel Levin Varnhagen. Rahel. Ein Buch des Andenkens für ihre Freunde. Mit einem Essay von Brigitte Kronauer, Göttingen 2011. Eine ausführliche Bibliografie findet sich in Nikolaus Gatter: „Lebens*bilder*, die Zukunft zu bevölkern." – Von Rahel Levins Salon zur „Sammlung Varnhagen", Köln 2006.
3 Vgl. Nikolaus Gatter: „Scheren-Plastik" – „Landschäftchen" – „Spielkunst": Das Geschwisterpaar Varnhagen-Assing und sein Einfluss auf Arthur Maximilian Millers Scherenschnitte, in: „Wer den Schatten hat, der hat die Gegenwart des Körpers." – Arthur Maximilian Millers Scherenschnitte und Schattentheater im Kontext der Geschichte des Scherenschnitts, seiner Biografie und Dichtung, hg. v. Peter Fassl, Augsburg 2014, S. 67–103; zuletzt Renate Schipke: Eine anmutig zarte Welt aus Papier. Scherenschnitte in den Sammlungen der Berliner Staatsbibliothek, in: Arbeitskreis Bild Druck Papier. Tagungsband Bergamo 2014, hg. v. Konrad Vanja, Detlef Lorenz, Alberto Milano, Irene Ziehe, Münster u. a. 2015, S. 169–180.
4 Zur Biographie vgl. Ludwig Geiger: Rosa Maria Assing, in ders.: Dichter und Frauen. Abhandlungen und Mitteilungen. Neue Sammlung, Berlin 1899, S. 205; Nikolaus Gatter: Rosa Maria Assing (1783–1840). „Was doch der Assing und der August für vortreffliche Frauen haben!" – Heines Freundin Rosa Maria, in: Vom Salon zur Barrikade. Frauen der Heinezeit, hg. v. Irina Hundt, Stuttgart u. a. 2002 (Heine-Studien), S. 91–110.
5 Rosa Maria Assing, geb. Varnhagen von Ense: Der Schornsteinfeger. Erzählung nach einer wahren Begebenheit, aus der Mitte des vorigen Jahrhunderts, Straßburg 1834.
6 Rosa Maria's poetischer Nachlaß … [gez. 41.], in: Blätter für literarische Unterhaltung Nr. 209, 28.7.1841, S. 845 f.
7 Diese und die folgenden Zitate, wo nicht anders angegeben, aus Rosa Marias Aufzeichnungen (hier: nach 21.9.1830), die sie von 1823 bis 1833 unregelmäßig führte, Sammlung Varnhagen, Biblioteka Jagiellońska, Kraków, Polen; hier: Kasten 12. Vgl. Ludwig Stern: Die Varnhagen von Ensesche Sammlung in der Königlichen Bibliothek, geordnet und verzeichnet, Berlin 1911, S. 31 f.
8 Vgl. D[avid] A[ssur] Assing (Hg.): Rosa Maria's poetischer Nachlaß, Altona 1841.
9 Die Inventarisierung, Digitalisierung und Edition des ehelichen Nachlasses der Assings bereitet Paweł Zarychta vor; vgl. ders.: „Fremde Hände werden es nicht beachten" – Der Nachlass Rosa Maria und David Assings in der Sammlung Varnhagen in den Beständen der Biblioteka Jagiellońska in Krakau – Ergebnisse einer ersten Bestandsaufnahme, in: Briefnetzwerke um Hermann von Pückler-Muskau, hg. v. Jana Kittelmann im Auftrag der Stiftung Fürst-Pückler-Museum Park und Schloss Branitz, Dresden 2015 (edition branitz 11), S. 227–236.

10 Zu Dorns Nationalschule vgl. Rodolphe Reuss: Notes sur l'instruction primaire en Alsace pendant la révolution, Paris u. a. 1910, S. 318 u. ö.
11 Vgl. Carl Heinz Dingedahl: Ein unbekanntes Gelegenheitsgedicht von Philipp Otto Runge, in: Jb. der Hamburger Kunstsammlungen 26 (1980), S. 100. Zur Firma Reissig vgl. Hermann Kellenbenz: Phasen des hanseatisch-nordeuropäischen Südamerikahandels, in: Hansische Geschichtsblätter 76 (1958), S. 115.
12 Vgl. Johann Daniel Runge an Karl August Varnhagen von Ense, 30.3.1840, Kasten 222 (wie Anm. 7). Zur Korrespondenz mit Rosa Maria vgl. Kurt Detlev Müller: Johann Daniel Runge, der Bruder des Malers Philipp Otto Runge, in: Hamburger geschichtliche Beiträge. Festschrift Hans Nirrnheim, Hamburg 1935, S. 224.
13 Rosa Maria an Karl August Varnhagen, 6.10.1805, Kasten 16 (wie Anm. 7).
14 Vgl. darüber, mit ungedruckten Dokumenten, Claudia Schnurmann: Brücken aus Papier. Atlantischer Wissenstransfer in dem Briefnetzwerk des deutsch-amerikanischen Ehepaars Francis und Mathilde Lieber, 1827–1872, Berlin 2014 (Atlantic Cultural Studies, Bd. 11), S. 90–93.
15 Adelbert von Chamisso und Rosa Maria. (Mitgetheilt von Rosa Maria), in: Der Freihafen. Galerie von Unterhaltungsbildern aus den Kreisen der Literatur, Gesellschaft und Wissenschaft. 2 (1839), H. 1, S. 7.
16 Anders als Dietmar Pravida, Anna Busch und Janine Katins meinen, kann man bei dieser informellen Gruppe, deren Zusammenhalt der Musenalmanach bildete, kaum reguläre „Mitglieder" von Personen unterscheiden, die zu ihr nur „freundschaftliche Beziehungen" pflegten, „ohne ihr anzugehören"; Dies.: Polarsternbund (Nordsternbund), in: Handbuch der Berliner Vereine und Gesellschaften 1786–1815, hg. v. Uta Motschmann, Berlin u. a. 2015, S. 446.
17 Vgl. Rosa Maria an Karl August Varnhagen, 9.8.1804, Kasten 16 (wie Anm. 7).
18 Karl August an Rosa Maria Varnhagen, 7.2.1812, Kasten 16 (wie Anm. 7).
19 Rosa Maria an Justinus Kerner, 9.10.1833, in: Ludwig Geiger: [Rez.]: Justinus Kerners briefwechsel mit seinen freunden …, in: Zeitschrift für deutsche Philologie 31 (1899), S. 274 (Kleinschreibung im Original).
20 David Assur, 28.4.1812, Rosa Maria Varnhagen, 22.8.1812 an Justinus Kerner, in: Geiger (wie Anm. 4), S. 213 f.
21 Rosa Maria an Karl August Varnhagen, 19.6.1811, Kasten 16 (wie Anm. 7).
22 Dies berichtet Karl Gutzkow: Rosa Maria und J.[!] D. Assing, in ders.: Ausgewählte Werke, hg. v. Heinrich Hubert Houben, Leipzig [1908], Bd. 8, S. 212.
23 Vgl. Eduard Beurmann: Skizzen aus den Hanse-Städten, Hanau 1836, S. 215 f.; über die Salons [Wilhelm] H[amm]: Hamburger Abende, in: Neue Freie Presse Nr. 3500, 24.5.1874, S. 3–5.
24 Vgl. Lorely French: „Theure Ludmilla!" – „Liebste Ludmilla!" – Zwei Briefe von Amalie Schoppe an Ludmilla Assing aus den Vereinigten Staaten, in: Makkaroni und Geistesspeise. Almanach der Varnhagen Gesellschaft 2, hg. v. Nikolaus Gatter unter Mitarbeit v. Christian Liedtke u. Elke Wenzel, Berlin 2001, S. 361.
25 Karl August an Rosa Maria Varnhagen, 18.5.1823, Kasten 16 (wie Anm. 7). Gedruckt in: Begegnungen mit Heine. Berichte der Zeitgenossen, hg. v. Michael Werner in Fortführung von H. H. Houbens „Gespräche mit Heine", Bd. 1, Hamburg 1973 (1797–1846), S. 82. Werner/Houben drucken mit abweichenden Lesarten auch die meisten Urteile, die im Folgenden aus Rosa Marias Aufzeichnungen zitiert sind, nicht aber die vom 2.8.1826.
26 Joseph A. Kruse: Gewonnen und verloren. Rahel Varnhagen und Heinrich Heine, in: Rahel Levin Varnhagen. Studien zu ihrem Werk im zeitgenössischen Kontext, hg. v. Sabina Becker, St. Ingbert 2001 (SOFIE. Saarländische Schriftenreihe zur Frauenforschung, Bd. 13), S. 164.
27 Karl August an Rahel Varnhagen, 20.7.1823. Zit. nach: Werner (wie Anm. 25), S. 83.

28 Heinrich Heine an Karl August Varnhagen, 17.6.1823, HSA, Bd. 20, S. 94.
29 Christian Liedtke: „Vaterland Französische Straße Nr. 20." – Heinrich Heine und das Ehepaar Varnhagen, in: Makkaroni (wie Anm. 24), S. 212.
30 Rahel an Karl August Varnhagen, 11.3.1929, zit. nach: Werner (wie Anm. 25), S. 176.
31 Rahel an Karl August Varnhagen, 13.3.1829, zit. nach: Werner (wie Anm. 25). S. 177. Vgl. Dieter Kuhn: Varnhagen und sein später Schmäher. Über einige Vorurteile Arno Schmidts. Mit Seitenblicken auf weitere Personen und einem dokumentarischen Anhang, Bielefeld 1994, S. 61 f.
32 Heinrich Heine an Karl August Varnhagen, 29.7.1826, HSA, Bd. 20, S. 254.
33 Rahel Varnhagen an Rosa Maria Assing, 20.9.1832, GW, Bd. III, S. 586.
34 Zur Reflexion über Kinderlosigkeit im 18. Jahrhundert bereitet Katharina Schmees (Hamburg) eine Promotionsarbeit vor, die unter anderem Rahel Varnhagen und Rosa Maria Assing einbeziehen wird.
35 Vgl. GW, Bd. III, S. 246 ff., 293–296, 361 ff., 530 f., 586.
36 Vgl. z. B. Karl August und Rahel Varnhagen an Heinrich Heine, Nachschrift der letzteren, GW, Bd. IX, S. 817.
37 Vgl. z. B. Rahel Varnhagen an Rosa Maria Assing, undatiert [laut Aufzeichnung der Empfängerin (wie Anm. 7) vom 12.6.1830], Staats- und Universitätsbibliothek Carl von Ossietzky, Hamburg, Handschriftenabteilung, Signatur: CS 4: Varnhagen von Ense RAF: 3, gedruckt in GW, Bd. IX, S. 930.
38 Paweł Zarychta, der den Brief erstmals nach dem Original ediert hat, hält das Verhältnis Rahels zu Rosa Maria für schwer zu beurteilen, da sie ausschließlich David kondoliert habe: „Ich würde anwesend schweigen." – Zur Poetik des Trauerbriefs nach 1800 am Beispiel der Briefe Rahel und Karl August Varnhagens an Rosa Maria und David Assing, in: Gesprächsspiele & Ideenmagazine. Heinrich von Kleist und die Briefkultur um 1800, hg. v. Dems., Ingo Breuer und Katarzyna Jaśtal, Köln u. a. 2013, S. 320 u. Anm. 34. Karl August hatte seiner Schwester separat geschrieben, unter den zweiten (kürzeren) Brief an David Assing setzte Rahel ihre eigene Kondolenz an das Ehepaar, dreimal „beide" ansprechend, unter Verwendung eines pluralen „Ihr" (wo vom Schmerz die Rede ist). Briefe an Rosa Maria wurden, weshalb mitunter ausdrücklich Diskretion verlangt wurde, stets im Familien- und Bekanntenkreis weitergegeben. Barbara Hahn, die sonst alle Empfänger nennt, suggeriert mit der Überschrift in ihrer Ausgabe des Andenkenbuchs, dieser Brief richte sich ausschließlich an David Assing (wie Anm. 2), Bd. 4, S. 40. Vgl. dagegen die nach Hahns Editionsprinzip ebd., Bd. 5, S. 145 konsequent ergänzte, in GW, Bd. III, S. 293 irreführende Überschrift zum Brief vom 11.9.1827.
39 Rahel Varnhagen an Rosa Maria Assing, 17.8.1826, GW, Bd. III, S. 246 f. Anna Maria Varnhagen war am Vortag verstorben, was aber in Berlin noch nicht bekannt war.
40 Rahel Varnhagen an Rose Asser, 18.7.1830, GW, Bd. III, S. 442.
41 Rahel Varnhagen an Rosa Maria Assing, 15.2.1829, GW, Bd. III, S. 362 f.
42 Rahel Varnhagen an Rosa Maria Assing, 30.9.1831, GW, Bd. III, S. 530 f.
43 Adelbert von Chamisso an Rosa Maria Varnhagen, 24.6.1810 (wie Anm. 15), S. 13.
44 Dies und die folgenden Zitate: Heinrich Heine an Karl August Varnhagen von Ense, 5.2.1840, HSA, Bd. 21, S. 113.

Hans-Jürgen Rehfeld

ELISE VON HOHENHAUSEN
Ein Charakter „einnehmender ... edler Weiblichkeit"

Am 4. November 1789 wurde Elisabeth Philippine Amelie von Hohenhausen, geborene von Ochs, im Hause ihres Großvaters in Waldau geboren. Der Vater Adam Ludwig war kurhessischer Offizier und hatte am Feldzug in Nordamerika teilgenommen. Für seine Verdienste erhielt er 1803 auf Vermittlung des hessischen Kurfürsten vom Kaiser das erbliche Adelsprädikat.

Die Mutter Marie Luise war noch den tradierten Auffassungen der Kindeserziehung verpflichtet, untersagte der Tochter den Besuch der Schule und wollte sie zu einer guten Haus- und Ehefrau erziehen.

Dagegen unterstützte der Großvater, ein Pfarrer, den Bildungsdrang des Mädchens und ermöglichte ihr den Zugang zur Literatur. Nach dessen Tod siedelte die Familie nach Kassel zum Vater über. Hier besuchte Elise die Stadtschule, erlernte die englische Sprache und beschäftigte sich mit Poesie. Sie las Gedichte der Brüder von Stolberg, Bürger, Matthison und Schiller. Als 14-Jährige wurde sie in die Gesellschaft eingeführt, besuchte die Bälle und Gesellschaften König Jérômes.

Im Oktober 1809 heiratete Elise von Ochs den Unterpräfekten zu Eschwege, Leopold von Hohenhausen. Es war keine Liebesheirat, sondern eine von der Mutter arrangierte Ehe. Leopold war hochgebildet, sprach glänzend Französisch. Neben seiner beruflichen Tätigkeit redigierte er das Eschweger *Sonntagsblatt*, war Mitarbeiter des *Hamburger unpartheiischen Correspondenten*.

Mit dem Zusammenbruch des Königreichs Westfalen verlor Leopold seinen Posten und erhielt erst nach mehreren Jahren eine neue Anstellung.

Ihre ersten Gedichte veröffentlichte Elise von Hohenhausen 1811 im

Elise von Hohenhausen, geb. von Ochs, Zeichnung von Wilhelm Hensel, Bleistift auf Papier, 1822

Blick auf Rainvilles Garten, Gemälde von Johann Joachim Faber, Öl auf Holz, um 1840

Morgenblatt für gebildete Stände und in der *Zeitung für die elegante Welt*. Für ihren auf Subskription herausgegebenen Band *Frühlingsblumen* erhielt sie die „Große Goldene Preismedaille des Königs von Dänemark" und errang die Aufmerksamkeit der literarischen Öffentlichkeit. Die *Jenaer Allgemeine Literatur Zeitung* bezeichnete die Autorin als eine „sehr geistreiche und gefühlvolle Frau", bescheinigte ihr „glückliche Anlagen" und „ächte poetische Begeisterung", kritisierte jedoch die „Nachahmung Schillers".[1]

Nach der Geburt des Sohnes Carl im Januar 1816 zog die Familie nach Minden, hier hatte Leopold von Hohenhausen eine Anstellung als preußischer Regierungsrat erhalten. In der Stadt mit rund 5.000 Einwohnern und etwa 2.300 Soldaten, Offizieren und deren Familien, wurde Elise schnell Mittelpunkt des geistigen Lebens. Ihr Mann gründete das Mindener *Sonntagsblatt*, das innerhalb kurzer Zeit überregionale Bedeutung erlangte. Elise, man könnte sie als die „Seele" des Blattes bezeichnen, verfasste zahlreiche Artikel und veröffentlichte ihre Übersetzungen aus dem Englischen. Gemeinsam mit ihrem Schwiegervater und der Schwägerin Henriette von Hohenhausen beteiligte sie sich an dem Journal *Westphalen und Rheinland*, in dem Teile ihrer Übersetzung von Walter Scotts *Ivanhoe* erschienen. Gleichzeitig knüpfte sie Kontakte zu den Herausgebern der *Abendzeitung*,

Karl Gottlieb Theodor Winkler und Friedrich Kind in Dresden, sowie zu Friedrich Wilhelm Gubitz, dem Herausgeber des *Gesellschafters* in Berlin. Bis an ihr Lebensende sollte Elise in nahezu 40 Zeitschriften Erzählungen, Gedichte, publizistische Beiträge, Rezensionen und Übersetzungen veröffentlichen.

Im Mai 1818 unternahm Elise von Hohenhausen eine Rheinreise und im Sommer des folgenden Jahres hielt sie sich in Hamburg und Altona auf. Hier könnte sie erstmals mit Heinrich Heine zusammengetroffen sein.

In ihren in Briefform verfassten Reiseberichteten im Mindener *Sonntagsblatt* stellte sie Landschaft und Menschen, Kultur und Wirtschaft vor. Unter dem Titel *Natur, Kunst und Leben. Erinnerungen, gesammelt auf einer Reise von der Weser zum Rhein und auf einem Ausfluge an die Gestade der Nord- und Ostsee* (Altona 1820) erschienen diese Briefe dann in Buchform. Die Autorin schilderte ihre Begeisterung für die Gedichte Lord Byrons und ihre Begegnung mit dem Juristen Friedrich Johann Jacobsen. Dieser hatte bereits im Vorjahr einen Brief an Byron geschrieben und ihn nach Holstein eingeladen. Der Einladung waren Verse von Elise von Hohenhausen, „recht hübsch und a la Klopstock", sowie „eine Prosaübersetzung des Liedes über das Verhältnis meiner Frau zu mir" beigelegt, heißt es in einem Brief Byrons.[2]

Friedrich Johann Jacobsens an Elise von Hohenhausen gerichteten *Briefe an eine deutsche Edelfrau, über die neu-*

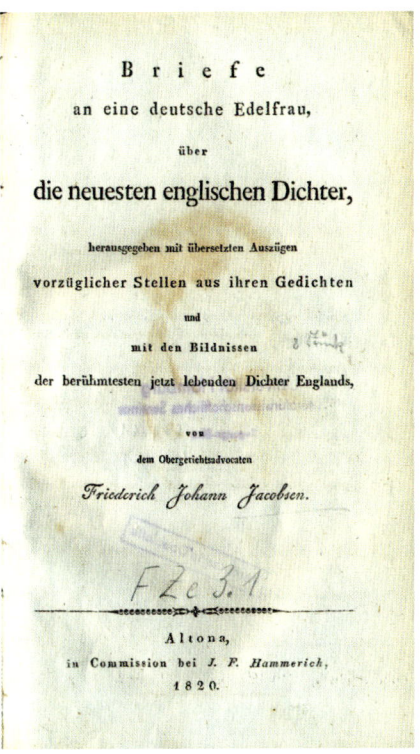

Titelblatt Fr. Johann Jacobsen, *Briefe an eine deutsche Edelfrau* (Elise von Hohenhausen, geb. von Ochs), Altona 1820

esten englischen Dichter (Altona 1820) leisteten einen wesentlichen Beitrag zur Rezeption der zeitgenössischen englischen Literatur in Deutschland. In 39 Briefen und einem Anhang werden ausgewählte Dichter mit Lebens- und Werkbeschreibungen vorgestellt. Zu den Subskribenden des Bandes gehörten auch der Makler Henry Heine und der Bankier Salomon Heine.

Jacobsen würdigte in dem Brief zu Thomas Moore auch dessen wenige Jahre zuvor erschienenes Epos *Lalla Rûkh*. Die erste vollständige Übertragung von Friedrich de la Motte Fou-

Salomon Heine, Gemälde von Friedrich Carl Gröger, Öl auf Leinwand, 1822

qué erschien erst 1822, im gleichen Jahr eine weitere im Zwickauer Verlag der Brüder Schumann. Doch bereits am 27. Januar 1821 wurde dieses *Festspiel mit Gesang und Tanz* im Berliner Stadtschloss zu Ehren des russischen Thronfolgerpaares, Großfürst Nikolaj Pawlowitsch (später Zar Nikolaj I.) und dessen Gemahlin Alexandra Fjodorowna (die preußische Prinzessin

Charlotte, älteste Tochter von Friedrich Wilhelm III.) aufgeführt. Über diese Aufführung, zu der Elise von Hohenhausen eine Einladung erhalten hatte, berichtete sie im Cotta'schen *Morgenblatt für gebildete Stände* vom 17. März 1821.

Zu dieser Zeit lebte die fünfköpfige Familie bereits seit einigen Monaten in der preußischen Hauptstadt, die damals etwa 200.000 Einwohner zählte. Leopold von Hohenhausen, unzufrieden mit seiner Stellung in Minden, hatte im Sommer 1820 Urlaub beantragt und die Familie war nach Berlin übergesiedelt. Hier ließ er sich auf Wartegeld setzen und erhoffte sich durch die Protektion des Staatskanzlers Karl August von Hardenberg, in dessen Haus er verkehrte, eine dauerhafte Anstellung in Berlin.

Das Ehepaar wurde in den intellektuellen Kreisen der Stadt rasch bekannt, die Berliner bewunderten besonders Elises Übersetzungen. „Ich lernte dort Rahel Varnhagen kennen, mit der wir eine Sommerwohnung in einem Garten theilten, und bald waren wir innig befreundet", erinnerte sich Elise von Hohenhausen.[3] Und sie begründete einen Salon, der schnell Mittelpunkt kulturvoller Geselligkeit wurde. Man traf sich stets dienstags in der Wohnung Unter den Linden 59, später in der Krausenstraße 10.

Zu ihren Gästen gehörten Adelbert von Chamisso und Bettina von Arnim, Friedrich und Caroline de la Motte-Fouqué, Helmina von Chézy und der Maler Wilhelm Hensel. Neben heute fast vergessenen Literaten wie Franz Horn und Friedrich von Uechtritz stellten sich der Jurist Eduard Gans, der spätere König Friedrich Wilhelm IV. und Mitglieder der Hofgesellschaft ein. Auch für die literarisch und kulturell interessierten Besucher aus Westfalen wurde der Salon schnell ein beliebter Treffpunkt.

„Bei schlechtem Wetter war es oft leer dort, aber Heine fehlte niemals", erinnerte sich Elises Tochter. „Ich präsentierte ihm die kleinen Zwieback und sehr schmale Butterbrödchen, mit denen damals die Bewirthung bestritten wurde, und beobachtete ihn dabei scharf, obwohl ich erst zehn Jahre alt war."[4]

Im März des Jahres 1821 war der 23-jährige Heinrich Heine nach Berlin gekommen. Von der Göttinger Universität relegiert, sollte er hier, abhängig von den Stipendien seines reichen Onkels, seine Studien fortsetzen. An der Universität hörte er Hegel und Schleiermacher, Raumer und Savigny. Doch auch die Cafés – deren Stammgäste porträtierte er in den *Briefen aus Berlin* (1822) – und die Salons der Rahel und der Elise von Hohenhausen besuchte er. Hier traf er auf Eduard Gans, der im November 1819 den „Verein für Cultur und Wissenschaften der Juden" gegründet hatte, dem sich Heine 1822 anschloss.

In Elises Salon begegnete Heine auch dem Literaten und Mediziner Ferdinand Koreff, von dessen romantischer Oper *Aucassin und Nicoletta* er begeistert war. In den *Briefen aus Berlin* entwarf er ein Porträt Koreffs und lobende Rezension in der Zeitschrift *Westphalen und Rheinland* für eine positive Aufnahme des Bandes.

Auch die unter dem Einfluss Byrons entstandenen Tragödien *Almansor* und *Radcliff* hatte Heine im Salon Elises vorgelesen; die Aufführung des *Almansor* am Nationaltheater Braunschweig soll auf ihre positive Rezension zurückgehen.

An die Förderung literarischer Talente erinnert Heines Brief vom 24. Dezember 1822 an Karl Immermann: „Einen Gruß muß ich Ihnen bestellen von einer Ihrer Verehrerinnen, der Frau von Hohenhausen, der ich in *Ihrem Namen* ein Exemplar der Trauerspiele verehrte. Ich hoffe, Sie werden dieses eigenmächtige Verfahren nicht missbilligen, die gute Frau hat ehrlich Wort gehalten, zur Verbreitung der Tragödien beizutragen, obschon das, was sie in mehreren Zeitschriften, besonders im Leipziger ‚Konversationsblatte' darüber schrieb, auch ehrlich flach ist; sie hatte eine bessere Rezension derselben an Müllner geschickt, die dieser bloß benutzt zu seinem Wischiwaschi."[6]

Auch Friedrich von Uechtritz, den Helmina von Chézy in Elises Salon eingeführt hatte, wurde von ihr gefördert. In Briefen an die Eltern berichtete er davon, dass Frau von Hohenhausen sein Drama *Chrysostomus* sehr vorteilhaft besprochen habe.

Seiner „Gastgeberin" gedachte Heine in den *Briefen aus Berlin*, würdigte sie als Übersetzerin der Werke Byrons und Scotts: „Frau von Hohenhausen ist jetzt mit der Übersetzung des Scottischen ‚Ivanhoe' beschäftigte, und von der trefflichen Übersetzerin Byrons können wir auch eine treffliche Übersetzung Scotts erwarten. Ich glaube sogar, daß diese noch vorzüglicher ausfallen wird, da in dem sanften, für reine Ideale empfänglichen Gemüte der schönen Frau die frömmig heitern, unverzerrten Gestalten des freundlichen Scotten sich weit klarer abspiegeln werden als die düstern Höllenbilder des mürrischen, herzkranken Engländers. In keine schönern und zartern Hände konnte die schöne, zarte Rebekka geraten, und die gefühlvolle Dichterin braucht hier nur mit dem Herzen zu übersetzen."[7]

Auch in der *Harzreise* erinnerte er sich in einem Gespräch mit zwei Damen an Elise und empfahl ihre Übersetzung der Gedichte Lord Byrons.

Die Dichterin Elise von Hohenhausen würdigte Heine in einer Rezension des *Rheinisch-Westfälischen Musenalmanachs*, erwirkte beim Herausgeber gar eine Berichtigung: „Durch nachlässiges Abschreiben … ist … folgende Stelle ausgelassen worden: *Der Klausner* (von Freifrau Elise v. Hohenhausen) ist ein sinniges, heiteres, blühendes Gemälde, von dessen Anmut und Lieblichkeit das Gemüt des Lesers angenehm bewegt wird."[8]

Da sich eine Anstellung Leopolds von Hohenhausen verzögerte, er erhielt ein jährliches Wartegeld von 600 Talern, waren die Honorare Elises für den Unterhalt der fünfköpfigen Familie von großer Bedeutung, so stellte sie ihren Verlegern konkrete Honorarforderungen. Regelmäßig berichtete

Elise von Hohenhausen

Heinrich Heine, Gemälde von Moritz Daniel Oppenheim, Öl auf Leinwand, 1831

sie in der privat anmutenden Form des Briefes den Lesern des Mindener *Sonntagsblattes* aus der preußischen Hauptstadt. Sie schilderte die Reise von Minden nach Berlin, schrieb über Potsdam und Sanssouci, über Berliner Kaffeehäuser und Kunstausstellungen, über Mode und das neue Schauspielhaus, versuchte den Lesern ein Bild der Großstadt zu vermitteln. Ihre *Briefe aus der Residenz* waren eventuell Vorbild für Heines *Briefe aus Berlin*, den Korrespondenzberichten für den *Rheinisch-Westfälischen Anzeiger*.

Im Mai 1823 verließ Heine Berlin: Das Studium hatte er nicht beendet, die geplante Dissertation nicht fertiggestellt, aber der Durchbruch als Dichter war ihm gelungen. Im Salon der Elise von Hohenhausen hatte er seine Gedichte vorgelesen, „die nicht einmal immer Beifall fanden, denn er las sie schlecht."⁹

Auch die Familie von Hohenhausen verließ die Stadt. Nach dem Tode Hardenbergs hatten sich die Bemühungen Leopolds um eine Anstellung in Berlin endgültig zerschlagen und die Familie kehrte nach Minden zurück. Hier wie auch in anderen Städten, in denen ihr Mann eine Anstellung erhielt, wurde Elise schnell Mittelpunkt des gesellschaftlichen Lebens. Auch Heine gehörte in Minden wieder zu ihren Besuchern. Während einer Wanderung hielt er sich im September 1825 einige Tage in der Stadt auf.

Elise von Hohenhausen blieb weiterhin dichterisch und publizistisch tätig. Mit ihren wohlwollenden Rezensionen förderte sie Ludwig Robert, der immer nur als der Bruder Rahels gesehen wurde, und dessen Ehefrau Friederike. Auch Christian Grabbes Dramen um die Hohenstaufenkaiser wurden von ihr gelobt. Ihm und Ferdinand Freiligrath ermöglichte sie Veröffentlichungen im *Sonntagsblatt*. Auch als Übersetzerin war sie gefragt. Sie war an der im Zwickauer Verlag der Brüder Schumann erschienenen Byron-Gesamtausgabe beteiligt, würdigte den englischen Dichter nach seinem Tode in einem poetischen *Nachruf*.

Mit ihren Übersetzungen der Romane Walter Scotts, die ebenfalls in der Zwickauer Verlagsbuchhandlung erschienen, errang sie große Anerkennung, erhielt einen langfristigen Vertrag und das beachtliche Honorar von 1.000 Talern.

Im Vorwort zum *Ivanhoe* begründete sie ihre um Originaltreue bemühte Übersetzung:

„Die Verfasserin dieser Übersetzung machte es sich zur strengsten Pflicht, die gewissenhafteste Treue im Wiedergeben des Originals zu beobachten. Das Beispiel anderer Übersetzer, die manche, nicht zum Gang der Geschichte notwendige Ausdehnung weggelassen haben, wollte sie um so weniger nachahmen, da sie bei genauer Prüfung fand, daß gerade in dieser sogenannten Weitschweifigkeit das höchste dramatische Leben wohnt. Auch ist es ihre Idee, Walter Scott den Deutschen in seiner vollen Eigenthümlichkeit zu geben."¹⁰

Durch ihre Tochter Elise Friederike Felicitas, die 1831 den Juristen Carl Ferdinand Rüdiger geheiratet hatte, kam Elise von Hohenhausen auch in Kontakt mit Annette von Droste-Hülshoff. In Münster führte Elise Rüdiger nach dem Vorbild ihrer Mutter einen literarischen Salon. In dieser „Heckenschriftsteller-Gesellschaft", so die Droste scherzhaft, verkehrten u. a. Luise von Bornstedt, Levin Schücking und Henriette von Hohenhausen, die Schwägerin Elises. An den jeweils sonntags stattfindenden Treffen nahm auch die Droste teil, wenn sie sich in Münster aufhielt. Im Februar 1838 hatte sie der Mutter von ihrer Begegnung mit Elise Rüdiger berichtet und im September rezensierte Elise von Hohenhausen im *Sonntagsblatt* den halbanonym erschienenen Band *Gedichte* der Droste: „Hier ist kein ewig wiederholtes Klagen um zerstörtes Liebesglück, kein namenloses Sehnen nach unbekanntem Ziel. ... Es ist die feste, klare Weltanschauung in kräftigen poetischen Bildern und oft so hinreißendem Stile geschildert, daß man die Verfasserin eine Geistesverwandte Byrons nennen möchte."[11]

Im Sommer 1839 kam es in Kassel, hier lebten Elise und Leopold von Hohenhausen seit seiner Pensionierung, zu einer persönlichen Begegnung mit der Droste. Doch zu einer Annäherung kam es trotz zahlreicher gegenseitiger Gefälligkeiten nicht. So vermittelte die Droste den Abdruck einer Erzählung der Elise von Hohenhausen im Feuilleton der *Kölnischen Zeitung* und Elise die Übersetzung von Gedichten der Droste ins Englische. Auch in ihrem Werk *Rousseau, Göthe, Byron. Ein kritisch-literarischer Umriß aus ethisch-christlichem Standpunkt* (1847) stellte sie die Droste als ein Beispiel deutscher Poesie vor. Und im Nekrolog auf Annette von Droste-Hülshoff betonte sie die Geistesverwandtschaft der Droste mit dem englischen Lyriker Alfred Tennyson.

Nach dem Tode ihres Mannes im Dezember 1848 geriet Elise von Hohenhausen in finanzielle Bedrängnis. Leopold hatte ihr kein Vermögen hinterlassen und sie auch nicht in die Witwenkasse eingekauft. Sie musste Kassel verlassen und zog zurück nach Minden. Im Hause ihrer Tochter Elise Rüdiger wurde sie zur Gesprächspartnerin und Förderin junger Schriftstellerinnen. Hier traf sie auf Louise von François, vermittelte Kontakte zum Cotta'schen *Morgenblatt* – in dem ab 1854 dann deren Feuilletons anonym erschienen. Auch Emmy von Dincklage, die sich bereits als Kind für Poesie begeistert hatte, fand in Elise eine Förderin. Sie regte die Jüngere zur Beschäftigung mit Prosa an und 1857 wurde deren erste Novelle, *Das alte Liebespaar*, von Cotta veröffentlicht. Die Verbindung der beiden Schriftstellerinnen blieb bis zum Tode von Elise von Hohenhausen bestehen – vor ihrer Übersiedlung nach Schlesien besuchte Emmy von Dincklage ihre Fördcrin in Frankfurt an der Oder.

In Minden gehörte auch Elise Polko, Frau des späteren Direktors der Köln-Mindener-Eisenbahngesellschaft, zum literarischen Kreis um Elise von Hohenhausen. Die ausgebildete Sängerin Elise Polko war mit Wilhelm und Fanny Hensel befreundet und widmete sich nach ihrer Eheschließung der Schriftstellerei. Elise von Hohenhausen vermittelte ihr die nötigen Kontakte.

Mutter und Tochter von Hohenhausen unternahmen zahlreiche Rei-

Betty Paoli, Lithographie von August Prinzhofer, 1847

sen, so auch im Herbst 1849 nach Berlin, wo sie sich bis zum Frühjahr des folgenden Jahres aufhielten. Bei Karl August Varnhagen lernten sie Betty Paoli kennen. Hinter dem Pseudonym „Betty Paoli" verbirgt sich Barbara Elisabeth Glück, Gesellschaftsdame der Fürstin von Schwarzenberg. Nach dem Tod der Fürstin versuchte Paoli als freie Journalistin in Deutschland Fuß zu fassen. Da ihr dies nicht gelang, kehrte sie schließlich nach Wien zurück. Diese Reise führte sie über Frankreich und für den geplanten Parisaufenthalt gab ihr Varnhagen eine Empfehlung an Heine mit. Auch Elise von Hohenhausen ließ durch Betty Paoli einen Brief an Heine überbringen. Es ist der einzige, der sich überliefert hat. Darin erwähnt sie den Tod ihres Sohnes Carl, der 1834 Selbstmord begangen hatte. In dem Buch *Carl von Hohenhausen. Untergang eines Jünglings von achtzehn Jahren* (1836) dokumentierte und interpretierte Elise die Entwicklung ihres Sohnes, veröffentlichte Passagen aus seinen Tagebüchern und Briefen sowie seine Gedichte. Mit diesem idealisierenden Porträt, das eine große Resonanz fand, wollte sie ihrem Sohn ein Denkmal setzen. Als Gründe für den Selbstmord führte Elise die Anforderungen der Eltern an den einzigen Sohn an, eine mangelnde religiöse Bindung und den negativen Einfluss einer bestimmten Gruppe von Autoren. „Schädlicher wirkten auf ihn die neueren Romantiker namentlich Heine, Göthe und später Victor Hugo. Ueberall in ihnen trat ihm der Selbstmord als eine edle, heroische Handlung entgegen und was noch schlimmer war, die Bekleidung der eigenen bösen Neigung mit dem Namen: Schicksal."[12]

Mit dem Selbstmord Carls ging eine poetologische Umorientierung Elises einher. Sie wurde Wortführerin einer geistlichen Restauration, Autorin von Anstandsbüchern und Ratgebern, übersetzte jetzt Eduard Youngs *Nachtgedanken* (1844) und Longfellows *Die goldene Legende* (1856).

Im August 1852 besuchte Elise von Hohenhausen gemeinsam mit ihrer Tochter den kranken Heine in Paris – sie gehörten zu den wenigen, die er, schon todkrank, empfing. „Oft freilich waren ihm Besuche sehr unbequem …, als er aber die Stimme meiner Mutter, Elise von Hohenhausen, hörte, ließ er uns in sein Krankenzimmer rufen und hob mit der einen Hand sein Augenlid empor, um uns zu sehen."[13] Im folgenden Jahr veröffentlichte Friederike Rüdiger *Der kranke Dichter in Paris*.

Ab 1854 lebte Elise von Hohenhausen in Frankfurt an der Oder im Hause ihrer Tochter und des Schwiegersohnes, der sich in die Stadt hatte versetzen lassen. Aus dieser Zeit wissen wir von Leseabenden und anderen Geselligkeiten im Hause Rüdiger. Auch Elise war noch in den letzten Jahren ihres Lebens schriftstellerisch tätig, schrieb Erzählungen, aber auch für das *Frankfurter Patriotische Wochenblatt*. Doch Aufmerksamkeit konnte sie nicht mehr erringen. Nur das *Magazin für die Literatur des Auslandes* widmete der am 2. Dezember 1857 verstorbenen Elise von Hohenhausen einen Nachruf.

Anmerkungen

1 Jenaer Allgemeine Literatur Zeitung, Jg. 1817, Nr. 108, Sp. 391f.
2 Eduard Engel: Lord Byron. Eine Autobiografie nach Tagebüchern und Briefen, Hamburg 2013, S. 201.
3 Elise von Hohenhausen: Carl von Hohenhausen. Untergang eines Jünglings von achtzehn Jahren, Braunschweig 1836, S. 6.
4 Markus Hänsel: „Ich stand an Deinem Lager Schmerz durchdrungen". Elise von Hohenhausen und Heinrich Heine, in: Heine-Jahrbuch 24 (1985), S. 228.
5 Zit. nach: Heinrich von Kleists Nachruhm. Eine Wirkungsgeschichte in Dokumenten, hg. von Helmut Sembdner, Frankfurt a. M. 1984, S. 440.
6 Heinrich Heine: Werke und Briefe in zehn Bänden, hg. von Hans Kaufmann, Berlin und Weimar 1972, Bd. 8, S. 52f.
7 Ebd., Bd. 3, S. 522.
8 Ebd., Bd. 4, S. 205.
9 F[riederike] von Hohenhausen: Berühmte Liebespaare, Berlin 1919, S. 218.
10 Markus Hänsel: Elise von Hohenhausen (1789–1857). Übersetzerin, Dichterin und Mutter. Ein Lebensbild im Biedermeier, Frankfurt a. M. 1984, S. 70.
11 Winfried Woesler (Hg.): Annette von Droste-Hülshoff. Modellfall der Rezeptionsforschung, Bd. 1. Frankfurt a. M. 1980, S. 12.
12 Elise von Hohenhausen: Carl von Hohenhausen (wie Anm. 3), S. 42.
13 F[riederike] von Hohenhausen: Berühmte Liebespaare (wie Anm. 9), S. 226.

Mme. DE STAEL.

Annette Seemann

DIE „SCHÖNE GROSSE COUSINE" UND DIE „GROSSMUTTER DER DOKTRINÄRE"

Heinrich Heine und sein Verhältnis zu George Sand und Madame de Staël

Nur mit zwei Kolleginnen hat sich Heine je schriftstellerisch auseinandergesetzt: mit George Sand und mit Madame de Staël. Darin liegt eine erste Gemeinsamkeit der in vielen Aspekten so unterschiedlichen Frauen, die sich nicht kennenlernen konnten. Auch Heinrich Heine kannte nur George Sand (1804–1876).

Madame de Staël, geborene Necker (1766–1817), war im Jahr 1831, als Heine nach Paris kam, schon lange tot. Doch ihre Schriften lebten weiter, insbesondere ihr Hauptwerk, das lange mit Zensur belegte *De l'Allemagne*[1].

Auffällige Gemeinsamkeiten zeichnen diese Frauen aus: Sie waren beide Kommunikatorinnen, von rascher Intelligenz, brillierten in der Gesellschaft, und sie führten eine rasche Feder, Madame de Staël in der Essayistik wie im Roman, George Sand im Roman und als Journalistin und Dramatikerin. Beide Frauen scharten auf ihren Landsitzen kreative, intelligente Männer um sich, Madame de Staël mit Vorliebe Politiker und Schriftsteller, George Sand Künstler, Dichter, Musiker und Maler. Eine weitere Gemeinsamkeit: Die Werke beider Frauen entstanden gleichsam nebenbei in einer kreativ-erotisch angeregten Lebensumgebung. Thematisch schätzten beide Frauen das autobiografische bzw. sozialkritische Schreiben und verfolgten dabei ihrer Zeit entsprechende emanzipatorische Ziele. De Staël schrieb daneben auch theoretische Essays wie *De l'influence des passions sur le bonheur des individus et des nations* (1796) oder *De la littérature considérée dans ses rapports avec les institutions sociales* (1800).

George Sand wurde in Paris als Aurore Dupin geboren. Sie war die Tochter eines Offiziers des Empire, zu dessen Vorfahren der Marschall Frankreichs Maurice de Saxe zählte,

Mme de Staël, Lithographie von François-Séraphin Delpech nach Henri-Joseph Hesse, um 1840

George Sand, Stich von A. Riffaut nach A. Charpentier, um 1840

ein natürlicher Sohn Augusts des Starken. Bereits als kleines Kind verlor sie ihre engsten Familienangehörigen, den Vater durch einen tödlichen Unfall, den kleinen Bruder durch Tod, die Mutter durch Ausgrenzung durch die standesbewusste Großmutter, bei der sie aufwuchs. Früh entdeckte sie auch ihr Talent zum Schreiben, das zunächst eine Art Selbsttherapie für sie war. Gleichzeitig erkannte sie, dass mit ihrem Namen, ihrer weiblichen Identität ein Leben als Schriftstellerin schwer sein würde. Doch sehnte sie sich danach, eine unabhängige Existenz zu führen und eigenes Geld mit ihrem Talent zu verdienen. Einer früh eingegangenen Ehe entfloh sie bald, ohne jedoch ihre beiden Kinder Maurice und Solange aufzugeben.

Was war zu tun, um als Schriftstellerin zu reüssieren? Sie wurde zu George Sand. Sand ist die Abkürzung des Nachnamens Sandeau: Der Geliebte und Kollege, Jules Sandeau (1811–1883), gibt ihr die Idee für das Pseudonym. Er führt sie auf den Weg des professionellen Schreibens, indem er mit ihr in Paris ab 1831 eine gemeinsame Wohnung hat, wo sie „à quatre mains" den Roman *Rose et Blanche* verfassen. Das Eindringen in eine immer noch weitgehend männlich geprägte Domäne, das Schreiben, erfordert es in ihren Augen auch, ab sofort für viele Jahre Männerkleidung zu tragen, zu rauchen, die Nacht zum Schreiben zu nutzen und am Tage Freundschaften zu kultivieren.

Ihr erster allein verfasster Roman, den sie im Frühling 1832 veröffentlichte, *Indiana*, machte sie schlagartig bekannt. Mit diesem Roman greift Sand das herrschende Ehe- und Vererbungsgesetz an, verlässt jedoch nicht die Ebene des romantischen Liebesromans. Der Erfolg – drei Auflagen in einem Jahr – verleiht ihr Selbstbewusstsein. Sie ist aus dem Stand zu einer der bestverdienenden Schriftstellerinnen geworden. Mit ihrem Ehemann verständigte sie sich auf eine Trennung auf Zeit, zog aus der gemeinsamen Wohnung aus und mietete sich am Quai Malaquais Nr. 19 ein, in die berühmte „blaue Mansarde".

1833 lernte George Sand Alfred de Musset kennen und lieben und verbrachte mit ihm den Winter in Venedig. Gleichzeitig erschien ihr Roman *Lélia*. Ihre Themen: die leidenschaftliche Liebe, wie Sand sie auch im Leben favorisierte, daneben die Auflehnung der Frau gegen soziale Konventionen und soziale Vorurteile – auch dies ihr eigenes Thema als Frau. Ihre Romane schildern individuelle Schicksale, die man betrauern, mit denen man sich identifizieren kann. Aber sie fordern nicht dazu auf, das Leben zu ändern. Diese Phase der romantischen Romane währte bis 1840.

In dieser ersten Phase des Erfolgs wird die Ehe der Schriftstellerin mit Sandeau nach 14 Jahren 1836 in beiderseitigem Einvernehmen geschieden.

Bereits 1834 lernte George Sand Heine kennen. Im November 1834 hatte sie Franz Liszt gebeten, die Verbindung herzustellen. Es handelt sich aber um keinen exklusiven Wunsch: auch um die persönliche Bekanntschaft mit Hector Berlioz bemühte sie sich. Sie schrieb Heine nach dem Entrée-Billet Liszts sogleich selbst und zitierte ihn zu sich, mit der Bitte um Beratung in literarischen Fragen. In der Tat handelt es sich hier um eine starke Inszenierung einer Beziehung[3] zwischen der 30 Jahre alten Mutter zweier Kinder, die getrennt vom Ehemann lebt und dem 37 Jahre alten Heine, der in Frankreich unter dem Bürgerkönig Louis Philippe ein Glück und seine schriftstellerische Freiheit genießt, die er in Deutschland vermisst.

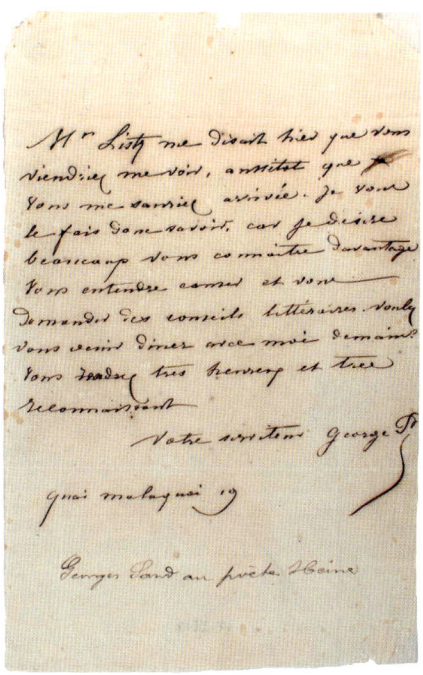

George Sand an Heinrich Heine, eigenhändiger Brief mit Unterschrift, Paris, November 1834

Wo steht Heine damals, was beschäftigt ihn, wie empfindet er, der zeitlebens einen Hang zu Grisetten oder Prostituierten hatte, diese sich als Mann kleidende Frau, die raucht und erfolgreiche Bücher schreibt? Ist sie eine Bedrohung oder ein Kuriosum für ihn, Zielscheibe seines giftigen Spotts? – Heinrich Heine, der 1825 zum Christentum übergetreten war, um eine bürgerliche Existenz in Deutschland zu erreichen, war mit all seinen Wünschen gescheitert. Er braucht Zeit und Ruhe, um einige große Bücher zu schreiben. Sollte ihm das nicht in Hamburg gelingen, will

Liszt am Klavier, umgeben von Vertretern des „Jeune Paris", Heliogravüre um 1900 nach einem Gemälde von Josef Danhauser von 1840

er nach Paris reisen, wo er leider eine „Rolle spielen" muss. Das große Zerwürfnis mit Onkel Salomon kommt hinzu, so dass Heine am 1. Mai 1831 Hamburg verlässt, um in Paris seine Zelte aufzuschlagen.

Wenn man sich fragt, was Heine an George Sand interessiert, die im selben Jahr wie er nach Paris kommt, und umgekehrt George Sand an ihm, so gibt es eine einfache Antwort: Ausgangpunkt ihrer bald einsetzenden Freundschaft, in der sie sich als Cousin und Cousine anreden, war die wechselseitige Erwartung von Vorteilen. Heine möchte Literatur für das große Publikum schreiben, genau wie George Sand, deren Protektion er sich als günstig vorstellt. Heine reüssiert inzwischen in Paris, seine Werke erscheinen in französischer Sprache, und daran hat Sand ihren Anteil. Konsequent widmet er den Band der *Tableaux de voyages* „à ma jolie et grande cousine George Sand comme témoignage d'admiration".⁴ Umgekehrt bietet er ihr an, sie in Deutschland bekannt zu machen. Beide Autoren sind große Enthusiasten der Französischen Revolution, doch Heines Zynismus ist Sand genauso fremd wie ihm ihr passioniertes Kreisen um immer dasselbe Thema, die Liebe. Im Tagebuch schreibt sie einmal: „Heines Herz ist ebenso gut, wie seine Zunge schlimm ist. Er ist zärtlich, hingebend, ergeben, in der Liebe romantisch, sogar schwach und imstande, die unbegrenzte Unterjochung durch eine Frau zu ertragen … Er ist wie seine Dichtungen: ein Gemisch der erhabensten Sentimentalität und der komischsten Spottlust."⁵ Wie eng war das Verhältnis, das es sogar gestattete, dass Heine über längere Zeit in das Schlafzimmer der Sand eintreten konnte und sie im Schlaf beobachtete? Zunächst ist der Austausch auch über das Thema „Liebe" möglich, Heine gesteht Sand, dass er fast zur selben Zeit wie sie jene Mathilde kennengelernt hat, die Grisette Crescence, deren Namen er nicht aussprechen kann und von deren Umgarnungen er sich nie mehr lösen sollte. Sie schreiben einander kurze Billetts, vierzehn von George Sand existieren, zehn von Heine. Sie sehen sich anfänglich oft. Eine Kameraderie geht daraus hervor, aber für die Annahme einer Liebesbeziehung gibt auch die eingehende Befassung mit den Quellen nichts her.⁶

Karikatur von George Sand in Männerkleidern, Lithographie von A. J. Lorenz, 1842

Sand schreibt an Heine, er könne gern in Pantoffeln und mit der Nachtmütze zu ihr kommen anlässlich einer der vielen Einladungen zum Abendessen, die sie ihm zukommen lässt. Heine stellte Sand sehr stolz seinen deutschen Kollegen vor, die ihn in Paris besuchten, etwa Heinrich Laube, und umgekehrt war Sand stolz auf ihren deutschen *diablotin* (Wildfang), dem sie das französische System des „do ut des" näherzubringen versuchte. Sie brauchten einander. All dies gilt bis in das Jahr 1840, als Sand am 29. April ihr erstes Theaterstück *Cosima* in Paris im *Théâtre français* zur Uraufführung bringt. Trotz ihres enormen Einsatzes wird es ein kompletter Misserfolg. Was soll Heine tun, der als Korrespondent der *Augsburger Allgemeinen Zeitung* das Stück besprechen muss, so will es seine Freundin unbedingt? Er schreibt unter dem Datum des 30. April einen Artikel, der die Autorin mit den lobendsten Worten beschreibt, jedoch über das Stück schweigt: „Der Ruhm des Autors ist so groß, dass die Schaulust aufs Höchste gespannt war; aber nicht bloß die Schaulust, sondern noch ganz andere Interessen und Leidenschaften kamen ins Spiel. ... Der kühne Autor, der durch seine Romane bei der Aristokratie und bei dem Bürgerstand gleich großes Missfallen erregte, sollte für seine „irreligiösen und immoralischen Grundsätze" bei Gelegenheit eines dramatischen Debüts öffentlich büßen. ..."[7]

George Sand war es nach Lektüre zufrieden. Niemals vorher oder nachher hat Heine sich so über Sand geäußert. Heine unterstützt Sands Position gegen die Ehe, die er als Grund der Ablehnung ihres Stücks durch den Adel und das Bürgertum definiert. Heine und Sand: zwei Kollegen. Bewusst vermännlicht er sie, bespricht sie, deren Schönheit er in der persönlichen Kommunikation nicht müde wird zu preisen, in der maskulinen Form, um deutlich zu machen: Ihr ist es gelungen, in eine eindeutig männliche Sphäre vorzudringen.

Ab sofort verändert sich das Verhältnis zu Heine und wandelt sich in eine Arbeitsbeziehung von zwei Autoren, die sich als Schreibende intensiv wahrnehmen. Diese Veränderung könnte mit den zu diesem Zeitpunkt stabilen Liebesbeziehungen beider zu erklären sein: Heine sollte 1841 in den Hafen der Ehe mit Mathilde einlaufen, und George Sand ist damals fest liiert mit Chopin, den Heine als Künstler sehr bewundert. Zudem hat Sand nach der Scheidung von ihrem Ehemann das alleinige Verfügungsrecht über ihr ererbtes Schloss Nohant und verbringt nur noch eine Hälfte des Jahres in Paris. Abgesehen von kleinen Passagen in den jeweiligen Texten, die durch die Lektüre der Werke des Anderen inspiriert sind, beobachtet man eine gewisse Abnutzung der enthusiastischen Frühzeit dieses Verhältnisses, außerdem ist Heine ab der Mitte der 1840er-Jahre gesundheitlich beeinträchtigt. Von Anfang 1846 stammt der letzte Brief Sands an Heine, in dem sie sich besorgt nach seiner Gesundheit erkundigt und anbietet, ihn zu besuchen. Nach dem Bruch Sands mit Chopin 1846 ist der Kontakt mit Heine unterbrochen. Offenbar hatte er sich stark mit dem sterbenden Musikergenie identifiziert. Er schreibt an Fanny Lewald zwei Jahre später Folgendes über Sand: „Ich glaube an ihr Herz nicht mehr, seit sie Chopin verlassen hat. Einem gesunden Mann darf man untreu werden, denn der kann sich trösten; einen Sterbenden verlassen ist unwürdig."[8] Weitere zwei Jahre später schreibt er an Heinrich Laube: „Meinen Freund Balzac habe ich verloren und beweint. George

Frédéric Chopin, Fotografie von Louis-Auguste Bisson, 1849

Sand, das Luder, hat sich seit meiner Krankheit nicht um mich bekümmert, diese Emancipatrice der Weiber oder vielmehr diese Emancipatrice hat meinen armen Freund Chopin in einem abscheulichen, aber göttlich geschriebenen Roman auf's Empörendste maltraitiert."⁹ Der in Frage stehende Roman war *Lucrezia Floriani*,¹⁰ in welchem Fürst Karol von Rosvald, ein adliger Nichtstuer, die Transformierung Chopins und die ehemalige Bühnenkünstlerin Floriani mit ihren vier Kindern von drei Vätern eine Selbststilisierung George Sands ist. Es kommt zu keiner weiteren Begegnung mehr. Im Jahr vor seinem Tod, 1855, schreibt er an seinen Bruder Gustav über Sand:

„... die Frau, mit welcher ich gespannt und seit sieben Jahre in keinem Verkehr mehr stand, ..."¹¹

Erst vor diesem Hintergrund versteht man Heines Überarbeitung seiner frühen Pariser Zeitungsartikel für die 1854 von ihm vorbereitete Buchausgabe unter dem Titel *Lutezia*. Sehr speziell ist der Umgang mit dem erwähnten, am 30. April 1840 nach der Aufführung von *Cosima* verfassten Beitrag. Insgesamt wird der Artikel nun viermal so lang wie ursprünglich, und zwar ohne auf das inzwischen umfangreich angewachsene Werk Sands für das Theater (wo sie nach dem missglückten Einstieg durchaus Erfolg hatte) und in der Novellistik einzugehen. Mit Werken wie *La mare au diable* oder *La petite Fadette* hatte sie ihr Genre, den Roman mit ländlichen und regionalen Zügen entdeckt.

Besonders in der so genannten *Späteren Notiz*, die er dem erweiterten Artikel anhängt, wird er polemisch. Er berichtet, wie George Sand zu ihrem Pseudonym kam, erläutert ihre Herkunft, um dann mit seiner unnachahmlichen Dialektik ihre Schönheit zu preisen, die dadurch gleichzeitig desavouiert wird. Ein Beispiel: „Sie hat weder eine emancipierte Adlernase, noch ein witziges Stumpfnäschen; es ist eben eine ordinaire gerade Nase. Ihren Mund umspielt gewöhnlich ein gutmüthiges Lächeln, es ist aber nicht sehr anziehend; die etwas hängende Unterlippe verrät ermüdete Sinnlichkeit."¹² Er verwirft auch ihre Stimme, um im nächsten Satz auf ihren Geist überzugehen: „Das Organ

Heinrich Heine, Lithographie von Julius Giere, 1839

von George Sand ist eben so wenig glänzend wie das was sie sagt. Sie hat durchaus nichts von dem sprudelnden Esprit ihrer Landsmänninnen, aber auch nichts von ihrer Geschwätzigkeit. Dieser Schweigsamkeit liegt aber weder Bescheidenheit noch sympathetisches Versenken in die Rede eines Andern zum Grunde. Sie ist einsilbig vielmehr aus Hochmuth, weil sie dich nicht werth hält, ihren Geist an dir zu vergeuden, oder gar aus Selbstsucht, weil sie das Beste deiner Rede in sich aufzunehmen trachtet, um es später in ihren Büchern zu verarbeiten. Daß George Sand aus Geiz im Gespräche nichts zu geben und immer etwas zu nehmen versteht, ist ein Zug, worauf mich Alfred de Musset einst aufmerksam machte. Sie hat dadurch einen großen Vortheil vor uns Andern, sagte Musset, der in seiner Stellung als langjähriger Cavaliere servente jener Dame die beste Gelegenheit hatte, sie gründlich kennen zu lernen."

Das Perfide an diesem Text ist, dass Heine vordergründig gar nicht die Werke kritisiert sondern eher die körperlichen und moralischen Voraussetzungen, solche zu verfassen, bei ihr in Frage stellt: Die Selbständigkeit ihrer Gedanken und Themen spricht er ihr ab, sie seien alle von anderen (männlichen) Kollegen abgelauscht.

Interessant ist, dass Heine die *Spätere Notiz* als Rundumschlag gegen seinen eigentlichen Kontrahenten in der französischen Literatur gebraucht, gegen Victor Hugo, dem er die Qualität der Sand'schen Prosa und der Musset'schen Lyrik vorzieht und den er als geistig und körperlich missgestaltet diffamiert. Er nutzt die Abschweifung über Hugo schließlich, um im Vergleich zwischen beiden auch noch einmal gegen Sand auszuholen: „Wir erleichtern uns die Beurtheilung der Werke George Sands, indem wir sagen, dass sie den bestimmtesten Gegensatz zu denen des Victor Hugo bilden. Jener Autor hat Alles, was diesem fehlt: George Sand hat Wahrheit, Natur, Geschmack, Schönheit und die Begeisterung, und alle diese Eigenschaften verbindet strengste Harmonie. George Sand's Genius hat die

Victor Hugo, Fotografie von Charles Nadar, um 1880

Die einst so intensive Beziehung zu Heine ist ihr hier nur eine Fußnote wert. Mehr hat sie über Heine und sein Werk nicht geschrieben.

Auf den ersten Blick hätte Heines Verhältnis zu Madame de Staël als Person und Autorin positiv gestimmt sein können. Die Autorin war wegen eines Buchs exiliert worden, das Napoleon ein Dorn im Auge war. Die Erfahrung des Exils war auch Heines, freilich selbst gewählte, Erfahrung. Aber es kommt anders: Heine entwickelte eine fast irrational zu nennende Ablehnung der Leistung der Autorin, die er kleinzureden versucht. Er argumentiert gegen de Staël mit der seit dem Erscheinen ihres Buchs verflossenen Zeit: *De l'Allemagne* von Heine erscheint bei Renduel in Paris am 15. April 1835. Die Editionsgeschichte des Werks ist kompliziert: mehrere Texte gehen darin ein, in deutscher Sprache haben wir hier die Texte *Die romantische Schule* und *Religion und Philosophie* zu nennen, die der Dichter einerseits für die *Revue des deux Mondes* und andererseits für die Zeitschrift *Europe littéraire* von Victor Bohain geschrieben hatte und jetzt kompilierte. Die Abfassung dieser Texte reicht in die Zeit zurück, als Heine noch ganz von George Sand fasziniert war.

Schon in der Einleitung erfährt man die polemische Absicht. Er, Heine, habe gegen de Staël angeschrieben, jene „grand mère des doctrinaires."[14] Im zehnten Teil des Werks, übertitelt *Les Aveux (Geständnisse)*, das er für die Neuauflage von 1855 hinzufügte, wird er noch deutlicher. Es

wohlgeründet schönsten Hüften, und alles was sie fühlt und denkt, haucht Tiefsinn und Anmuth. Ihr Stil ist eine Offenbarung von Wohllaut und Reinheit der Form. Was aber den Stoff ihrer Darstellungen betrifft, ihre Sujets, die nicht selten schlechte Sujets genannt werden dürften, so enthalte ich mich hier jeder Bemerkung und ich überlasse dieses Thema ihren Feinden ..."[13]

Niemals vorher und nachher hat Heine einen Menschen, Freund oder Feind, so ausführlich beschrieben. Das ist das Besondere an dieser für Heine enttäuschend endenden Beziehung zu seiner „Cousine".

1854/55 erschien George Sands Autobiographie, *Histoire de ma vie*.

Paris, kolorierter Stich, um 1835

handelt sich also ebenso wie im Falle von George Sand um eine gegen Lebensende noch einmal ganz pointiert vorgetragene Abrechnung mit einer Person und ihrem Hauptwerk: „J'ai donné à mon livre le même titre sous lequel Madame de Staël a fait paraître son célèbre ouvrage traitant le meme sujet, et je l'ai fait dans une intention de polémique."[15]

Doch zurück ins Jahr 1835. Eine für Deutschland wichtige Zeit sei verstrichen, insbesondere für die deutsche Literatur. Diese müsse aufgearbeitet und in Frankreich bekannt gemacht werden. Außerdem sei de Staëls Buch tendenziös, gespickt von Fehlern, hier müsse er korrigieren. De Staëls Vorteil sei es gewesen, dass den Franzosen Deutschland als Land der Literaten und Philosophen fast unbekannt gewesen sei. Er klagt die Vorgängerin vor allem an, nicht im Detail, aber hinsichtlich allgemeiner Einschätzungen große Vorurteile über Deutschland verbreitet zu haben. Bei genauer Lektüre wird hingegen klar: eigentlich richtet sich seine Anklage nicht gegen die „Großmutter", sondern gegen den wichtigsten Vermittler ihrer deutschen Sprach-, Literatur- und Philosophiekenntnisse; ihn hatte sie 1804 in Berlin kennengelernt und als Hauslehrer und Berater mit sich nach Frankreich und in die Schweiz genommen: August Wilhelm Schlegel. Für Heine ist de Staëls Deutschlandbuch das Instrument der romantischen Clique, als deren Chef er Schlegel identifiziert. Ihm gilt seine Polemik. 1835 ist Heine noch zurückhaltend in seiner Kritik und äußert hier und dort Lobendes über einige der originellen Urteile der Französin. Aber sein Furor gegen A.W. Schlegel – der ihr angeblich ultramontane (katholische) Positionen aufdrängen wollte, ist bereits stark entwickelt. 1855, kurz vor seinem Tod, richtet sich die Wut Heines stärker gegen die Autorin selbst, deren Auseinandersetzung mit Napoleon Bonaparte, zu dem Heine eine positive Haltung hatte, den Urgrund für die Ablehnung des „Blaustrumpfs"[16], als den er sie denunziert, darstellt.

Heine wird der originellen Geldaristokratin ebenso wenig gerecht wie der buntscheckigen Künstler-Adligen George Sand. Er sieht nur sich selbst. Er begreift weder de Staëls mutiges Eintreten für eine Schar von Emigranten noch ihr Schicksal als Exilierte, die sich immer nach Paris sehnte, noch gar ihre unerwiderte Liebe zu Napoleon, jenem „homme supérieur", wie sie ihn nennt, den er selbst verehrte.

Auch: Madame de Staël widmete ihre Bücher mit konstanter Bosheit oder Uneinsichtigkeit Napoleon, zu dem sie keinen Zugang fand, obwohl ihr scharfer politischer Verstand ihr hätte sagen müssen, dass Napoleon ihre Bücher ablehnen musste, schon weil sie von ihr kamen; denn sie scharte permanent eine wahre oder eingebildete Opposition gegen ihn um sich. Die Tochter der Aufklärung verzweifelte schier an Napoleons egomanischem Herrscherwahn.

August Wilhelm Schlegel, Stahlstich, um 1840

Genau in dieser Situation wird für sie die deutsche Literatur und Philosophie von Neuem interessant für ihr Anliegen, von Neuem insofern, als sie schon als kleines Mädchen, im Salon ihrer Mutter, als vorgeführtes wohlerzogenes *enfant prodige* mit dem großen Vermittler der deutschen Kultur, dem Baron Friedrich Melchior von

Madame de Staëls Romanausgabe von Delphine von 1803

Grimm (1723–1807), und zahlreichen anderen Philosophen und Dichtern aus Deutschland und der Schweiz in Kontakt gekommen war. Insbesondere Charles de Villers, der germanophile Lothringer, war es dann, der den Königsberger Philosophen Kant bei der Parisliebhaberin salonfähig machte – wir schreiben mittlerweile 1802. Inzwischen liest Madame deutsch, aber kann es nicht sprechen, was sie davon abhält, die Reise in das moderne Griechenland, als welches de Villers ihr Deutschland ausmalt, zu wagen.

Es ist jedoch kein freiwilliger Entschluss, der Madame dazu brachte, im grauen November 1803 Frankreich zu verlassen. Was war geschehen? Madame hatte in ihrem im Jahr zuvor erschienenen Briefroman *Delphine* ihre ererbte Religion, den Protestantismus, gegen den von Napoleon verhängten Staatskatholizismus verteidigt und die Ehescheidung propagiert. Daneben die freie, wahrhaftige Liebe, die Meinungsfreiheit, das Selbstbestimmungsrecht der Frau, alles abgeleitet aus den Idealen der Französischen Revolution: Freiheit, Gleichheit, Brüderlichkeit.

Napoleon las das Buch und ächtete es als asozial, sehr gefährlich, ohne jegliches moralisches Ziel. Napoleon exilierte Madame umgehend.

So also kam sie zu ihrer Deutschlandreise, die sie sofort in ein Buch gegossen imaginiert und entsprechend plant. Fast das wichtigste Ziel war Weimar.

Sie vermittelt in ihrem Buch das Bild eines geistreichen, aber tatenarmen Volks und streut nur gelegentlich Urteile ein, die sich an die zeitgenössischen französischen Leser richten, so in Angelegenheiten der Zensur. Das Buch, das aus Gründen der Zensur in Frankreich erst 1814 erscheinen konnte, hatte eine Hauptthese, die in der Tat Heines Aufmerksamkeit 20 und 40 Jahre später erregen musste: Die Deutschen seien gefühlvolle Denker, die ohne Energie in Apathie verharrten. Diese Einschätzung war von de Staël gegen das napoleonische Frankreich von 1804 konstruiert worden, das in ihren Augen zwar tatkräftig, aber gedankenarm war.

Heines Verehrung Napoleons macht es verständlich, dass de Staëls Entwurf ihm nicht gefallen konnte, auch ihre punktuelle, nur Weimar, Berlin und Wien einbeziehende Sicht musste ihm aufstoßen. Aber zwischen 1830 und

George Sand und Madame de Staël

George Sand, Lithographie von Thierry Frères nach Julien Boilly, 1837

1870 war das Publikum in Frankreich an ihrem ernsthaften Deutschlandbild orientiert – Heines ironisches Gegenbild überzeugte die Franzosen wegen der allzu polemischen Absicht nicht. Selbst Börne, ebenfalls im Pariser Exil, lehnte Heines *Über Deutschland* ab, da er es unverantwortlich fand, dass der Autor dem französischen Publikum vorenthielt, wie schwer es für Deutsche war, sich als Deutsche wahrzunehmen.[17]

Heine klagt in seinem Deutschland-Buch de Staël an, die Deutschen exzessiv zu idealisieren, doch sein Hauptkritikpunkt an ihrem Werk war ihre unausgesprochene Kritik an Napoleon, und damit etwas, das in *De l'Allemagne* gar nicht formuliert wird. Für Heine ist Napoleon der Erbe der Revolution, auch 20 Jahre nach seinem Tod und länger, ja er galt für Heine als ein Saint-Simonist, der den Code Civil nach Europa gebracht hatte. Der entscheidende Unterschied jedoch bleibt dies: Während sie die Deutschen in ihrer Analyse idealisierte, hat er als Dichter ein prophetisches Buch über Deutschland geschrieben. Philosophisch sind die beiden Autoren Vertreter entgegengesetzter Schulen: De Staël ist eindeutig vom deutschen Idealismus geprägt, Heine hingegen mehr und mehr von einer materialistischen Geschichtsauffassung. De Staël glaubt, wenngleich undogmatisch, an einen persönlichen Gott, Heine nicht; seine Umkehr auf dem Totenbett zum Glauben seiner Väter steht auf einem anderen Blatt.

Ginge es nach Heine, wären beide französischen Schriftstellerinnen als moralisch minderwertige Wesen anzusehen. Im einen Fall hat die Autorin ohne Heines „Erlaubnis" männliches Territorium, Deutschland als Literatur- und Philosophieland, betreten (Madame de Staël) und unerlaubt darüber mithilfe eines ursprünglich geschätzten, dann verachteten Literaturkenners gar ein Buch verfasst; im anderen Falle hat die Autorin, George Sand, einen von Heine sehr geschätzten Musiker, als er am Rande des Todes stand, verlassen und damit vernichtet. In der Situation seiner Krankheit zum Tode wogen Heine diese Rohheiten ungleich stärker als Jahre zuvor, galten ihm als zwei schlimme Taten, die es ihm wert waren, ursprünglich geschätzte Kolleginnen später und rückblickend zu ächten.

Anmerkungen

1 1813 in London erstmals erschienen, doch bereits 1807 abgefasst.
2 Paris 1831.
3 Karin Füllner: „Vous blamer c'est un blasphème": Heinrich Heine et George Sand, in: Marie Ange Maillet und Norbert Waszek (Hg.): Heine à Paris – Témoin et critique de la vie culturelle française, Paris 2014, S. 33.
4 HSA, Bd. 21, S. 92.
5 Zit. nach: Armin Strohmeyr: George Sand: „Glauben Sie nicht zu sehr an mein satanisches Wesen", Leipzig 2004, S. 85 f.
6 Karin Füllner: „Vous blamer c'est un blasphème" (wie Anm. 3), ebd. Der einzige, der eine solche behauptete, war Friedrich Hirth: Heinrich Heine und seine französischen Freunde, Mainz 1949.
7 HSA, Bd. 11 (*Lutezia: Berichte über Politik, Kunst und Volksleben*).
8 Michael Werner: Begegnungen mit Heine: Berichte der Zeitgenossen (in Fortführung von H. H. Houbens Gespräche mit Heine, Bd. II, Hamburg 1973, S. 112.
9 HSA, Bd. 23, S. 56, Brief Heines an Heinrich Laube, 12. Oktober 1850.
10 Paris 1847.
11 HSA, Bd. 23, S. 454, Briefe Heines an Gustav Heine, 11.September 1855.
12 Dieses und das nächste Zitat nach: HSA, Bd. 11, S. 30 f.
13 Ebd., S. 33.
14 Übersetzung (A. S.): „jene Großmutter der Doktrinäre", zit. nach: Henri Heine: De l'Allemagne, Bd. I, hg. von Michel Lévy, 2 Bde., Paris 1866 (Vorwort der 1. Ausgabe von 1835), S. 6.
15 Ebd., Bd. II, S. 248, Übersetzung (A. S.): „Ich habe meinem Buch denselben Titel gegeben, unter dem Madame de Staël ihr berühmtes Buch erscheinen ließ, das denselben Gegenstand behandelt, und ich habe das in polemischer Absicht getan."
16 Ebd., Bd. 2, S. 250 f.
17 Zit. nach: Eve Sourian: Madame de Staël et Henri Heine: ses deux Allemagnes, Paris 1974, S. 51.

Beate Borowka-Clausberg

IDA GRÄFIN HAHN-HAHN
Eine Bildersuche

Biographische Darstellungen werden oft als Lebens- und Charakterbilder bezeichnet. Untermalt werden sie, wenn es geht, mit realen Abbildungen, Gemälden, Stichen, Fotografien. Im Fall der ehemals populären Schriftstellerin Ida Gräfin Hahn-Hahn (1805–1880) ist neben altbekannten Stücken nun dank des Entgegenkommens der gräflichen Familie ein neuer Porträtfund[1] zu verzeichnen. Er gestattet vertiefte Einblicke in Ida Hahn-Hahns Ärgernisse mit ihren Bildauftritten.

Eine ihrer bekanntesten Darstellungen wurde 1842 in der Zeitschrift *Europa. Chronik der gebildeten Welt* veröffentlicht. Beim Aufschlagen meines erst vor kurzem glücklich erworbenen Exemplars bemerkte ich auf der gegenüberstehenden Seite den Hinweis, dass es sich um ein „Bildniss der Gräfin Ida Hahn-Hahn, nach einem Ölgemälde, zu dem sie früher gesessen" handelt. Welches Gemälde konnte es sein, war folglich die Frage und weiter: existiert es noch? Otto von Schaching, der Herausgeber der 45-bändigen Werkausgabe ihrer katholischer Schriften, hatte 1903 in der beigefügten biografisch-literarischen Skizze ein spiegelbildlich exakt übereinstimmendes Ölgemälde abgebildet, aber keine weiteren Angaben über Aufbewahrungsort oder Bildquelle gemacht. Meine Neugier war geweckt und ich begann zu suchen.

Fündig wurde ich in einer privaten Korrespondenz der Gräfin, die von Joachim Griephan im Berliner Fritz Reuter Literaturarchiv aufbewahrt wird. Dort ist von Idas Absicht zu lesen, sich beim bekannten Berliner Maler Julius Schoppe (1818–1868) porträtieren zu lassen, weil eine ihrer Bekannten, eine gewisse Schwanfeld, so vorzüglich von ihm „getroffen" wurde. Also beschloss auch Ida Hahn-Hahn 1840, nicht nur ihre Tochter von dem geschickten Künstler malen zu lassen, sondern auch sich selbst. Sie hatte dezidierte

Ida Gräfin Hahn-Hahn, Gemälde, Öl auf Holz, 1843

Porträtlithografie von Ida Gräfin Hahn-Hahn aus der Zeitschrift „Europa", 1842

Ida Gräfin Hahn-Hahn, Lithografie nach einem Gemälde, 1903

Vorstellungen, wie das Bildnis aussehen sollte: Auf keinen Fall mit einer „Sammtmantille"; das sei sie nicht, so ihre Bemerkung im Brief an den Bruder, sondern in einem schlichten weißen Kleid, „mein kleines Sammtband um den Kopf, wie die Pompejanische Muse; ganz en face, das Kinn auf die Hand gestützt, wie ich oft zu sitzen pflege – mir deucht so schickt sich am Besten." Genauso erblickt man sie in der *Europa*-Lithographie und in der Schaching-Reproduktion: als Halbfigur mit dem Zeigefinger am Ohr, die Betrachter anblickend. (Eine ähnliche Pose findet man im späteren Pastellporträt des Dresdner Malers Vogel von Vogelstein. Als Vorbild für diese Haltung könnte sogar Lady Hamilton mit einer ihrer antikisch inspirierten Attitüden gedient haben.) – Das Porträt war also im Familienkreis diskutiert worden. Wussten die Nachfahren vielleicht mehr?

Auf Schloss Neuhaus, dem Stammsitz der Grafen Hahn, konnte schließlich bei einem Besuch das Bilder-Rätsel gelöst werden: Es existierte noch ein kleines Ölgemälde in der Pose der *Europa*-Lithographie, das die Familie aufbewahrt hat.

Allerdings stellten sich schnell neue Fragen, denn auf der Rückseite des kleinformatigen, auf Holz gemalten Bildes sieht man die handschriftliche Eintragung: „gemalt in England 1843" neben einem Firmen-Aufkleber der Londoner Malerhandlung G. Rowny & Co. Das war erstaunlich, denn das Originalbild sollte doch in Berlin im Atelier von Schoppe gemalt worden sein, und zwar im Jahr 1840.

Eine mögliche Erklärung findet sich wiederum in den Korrespondenzen: Sehr ärgerlich schrieb Ida am 15. Mai 1843 aus Berlin ihrem Bruder Ferdinand, sie habe schon im vorigen September „die scheußliche Lithographie" gesehen und sich wegen des verschwundenen Gemäldes, der Vorlage für die Reproduktion, bereits an Lewald gewandt. Das dem Zeitschriften-Herausgeber überlassene Schoppe-Bild war also verloren gegangen, und Lewald selbst oder Ida Hahn-Hahn haben vermutlich als Ersatz eine Gemäldekopie in Auftrag gegeben, die anhand der *Europa*-Lithographie angefertigt wurde. Das nun aufgetauchte kleine Gemälde ist jedenfalls eine auch in den Abmessungen exakt gespiegelte Version der Zeitschriftenabbildung.

Ist die Porträtierte schließlich mit dem „englischen" Ölbild zufrieden gewesen? Hätte sie es nicht genau so „scheußlich" finden müssen wie die Lithographie? Für heutige Betrachter sind Idas heftige Reaktionen kaum nachvollziehbar, denn die Zeitschriftenabbildung, die in vielen Büchern und Beiträgen kursierte, wird als gelungenstes Porträt der Hahn-Hahn angesehen. Und gerade dieses positive Bild soll sie selbst abgelehnt haben? Wo lagen die Gründe?

Ida Hahn-Hahn haderte ständig mit ihren, wie sie meinte, so unendlich leeren Darstellungen, die Malern viel Mühe machten, ohne befriedigende Ergebnisse zu bringen, und sprach gar von ihrem „dummen" Gesicht[2] und davon, dass ihre Porträts immer etwas Steifes, Starres, Gezwungenes hätten. Selbstwahrnehmung musste unter solchen Umständen besonders schwierig sein. Wie wollte sie sich selbst sehen, wie von anderen gesehen werden? Mit diesen Fragen hat sich die aus einem der ältesten Adelsgeschlechter Mecklenburgs stammende Autorin offenbar intensiv auseinandergesetzt; und solche Fragen lassen sich auch aus der historischen Ferne anhand der Quellen noch ausleuchten.

Im selben Jahr 1840, in dem sie sich von Schoppe malen ließ, schrieb der berühmte Chronist Karl August Varnhagen über sie: „Gräfin Ida von Hahn-Hahn endlich [kennen gelernt], eine blonde hübsche Frau, feingliedrig, jünger aussehend als sie wirklich ist; einfaches, ruhiges Betragen, vornehm, gutes Französisch, bestimmtes Deutsch; wenig von Litteratur gesprochen ... Humboldt beweist ihr die größte Aufmerksamkeit."[3] – Hatte Ida Gräfin Hahn-Hahn wirklich Anlass, mit ihrem Äußeren unzufrieden zu sein?

Nicht immer fiel das Bild, das die Öffentlichkeit sich von der Schriftstellerin Hahn-Hahn machte, so schmeichelhaft aus. Sie wurde wegen ihrer provokanten Aussagen oft kritisiert: Zunächst, weil ihr Frauenbild und ihre Lebensweise zu emanzipiert und nicht angepasst erschienen, und später, weil sie aus vollster Überzeugung zum Ka-

Ida Gräfin Hahn-Hahn, Zeichnung von Frl. von Meyern-Hohenberg, 1843

tholizismus konvertierte und ins Kloster ging.

Als junge Frau muss Ida sehr apart gewesen sein, das berichten die Zeitgenossen. Zarte Hände und zierliche Füße, mit denen sie gern ihre Romanheldinnen schmückte, waren auch ihre eigenen körperlichen Vorzüge. Sogar der etwas unsichere Silberblick ihrer blauen Augen hat ihr wohl einen

Ida Gräfin Hahn-Hahn, Zeichnung der schwedischen Schriftstellerin Fredrika Bremer, Juni 1842

fremdartig geheimnisvollen Reiz verliehen. So jedenfalls beschrieb es die Schriftstellerin Luise Mühlbach[4]. Warum Ida Hahn-Hahn später das Wagnis einer Augenoperation einging, lässt sich nur erahnen. War es Eitelkeit, war es das Endergebnis zunehmender Unzufriedenheit mit ihrem Äußeren, die sie zeitlebens begleitet hat? Der Preis jedenfalls, den sie zahlen musste, war

Ida Hahn-Hahn, Pastell von Vogel von Vogelstein, 1845

Transskription:
*Vogel von Vogelstein I. H-H. Porträt Ida Grfn. Hahn-Hahn geb. zu Tressow in Meklenburg Junius 22, 1805.
Inconsequenz beherrscht die Welt, denn die Menschen
haben eine innere Basis verloren, u die eußere
nach der sie streben giebt ihnen keinen Halt*

Eine von Ida Hahn-Hahn in ihren „Orientalischen Reisebriefen" beschriebene Arruba, kolorierter Stahlstich von J. Jenkins nach einer Zeichnung von Thomas Allom, 1838

Fürst Pückler-Muskau, Stahlstich von Jacquemot, um 1850

Gipsabguss des Kopfes von Ida Hahn-Hahn von Carl Gustav Carus, 1842

gen ihrer Familie in dieser abgelegenen Gegend waren riesig: Der Großvater Graf Friedrich von Hahn besaß, neben vielen Gütern ein repräsentatives Schloss in Remplin. Der Gelehrte und Astronom beobachtete die Sterne von seiner eigenen Sternwarte, korrespondierte mit bedeutenden Persönlichkeiten der aufgeklärten Zeit wie Goethe, Herder, den Grafen Stolberg und vielen anderen Geistesgrößen jener Tage. Moses Mendelssohn nannte ihn den geistreichsten Mann, den er je getroffen habe.[8] Die Briefwechsel sind allesamt verloren, aber eine Mondregion trägt noch den Namen seines Entdeckers: das Hahngebirge. Sein Sohn, Idas Vater, setzte der Sternwarte bald ein aufwendiges Theater auf dem Schlossgelände entgegen und hat, wie es heißt, statt dessen die „Rempliner Sterne" vom Himmel auf die Erde geholt.[9]

Als exzentrischer „Theatergraf" ist er in die Theatergeschichte eingegangen. Mit seiner Leidenschaft verschleuderte er das gesamte Familienvermögen und wurde schließlich entmündigt. Die Scheidung der Eltern war unter diesen Umständen unausweichlich. Seitdem lebte die Mutter mit ihren vier Kindern in weniger feudalen Verhältnissen an verschiedenen Orten. 1826 wurde für Ida eine sogenannte Konvenienz-Ehe mit ihrem sehr reichen Cousin ersten

Grades Graf Hahn aus Basedow arrangiert. Sie fügte ihrem Namen einen zweiten Hahn hinzu. Später rief das Spott hervor: Der Schriftsteller Glaßbrenner nannte sie unfein „Gräfin Kikeriki". Die Verbindung war nicht von langer Dauer: bereits nach knapp drei Jahren wurde die feinsinnige junge Frau von ihrem „groben" Gemahl geschieden.

Das Ende ihrer kurzen Ehe war von Skandalen begleitet. Die Scheidung erfolgte noch vor der Geburt des ersten Kindes, einer taubstummen, geistig behinderten Tochter, und war mit fingierten Liebesbriefen erzwungen. Kein Wunder, dass Ida Hahn-Hahn der Institution Ehe seitdem skeptisch gegenüber stand. Die Tochter wurde in Pflege gegeben. Sie starb bereits mit sechsundzwanzig Jahren. Zeitlebens zeigte Ida Hahn-Hahn eine sehr liebevolle Beziehung zu ihrem Kind; sie verbrachte viel Zeit mit ihrer Tony und schrieb häufig in Reiseberichten über sie. Umso

Baron Adolf von Bystram küsst Idas Fuß, aus „Tutu" von Alexander von Ungern-Sternberg, 1846

Baron Adolf von Bystram und Ida, Karikatur aus „Tutu" von Alexander von Ungern-Sternberg, 1846

Ida Hahn-Hahn, Henriette von Paltzow, Bettine von Arnim, Karikatur aus „Tutu" von Alexander von Ungern-Sternberg, 1846

erstaunlicher ist, dass sie einen am 10. Februar 1830 geborenen Sohn Wilhelm, den sie zur Pflege nach Dänemark gab, nie erwähnt hat. Deshalb ist dessen Existenz auch bezweifelt worden. In der Hahnschen Familienchronik findet sich dazu immerhin ein schriftlicher Beleg. Vater des Kindes soll der kurländische Baron Adolf von Bystram gewesen sein.

Ida hatte Bystram bereits vor ihrer Scheidung kennengelernt und blieb ihm bis zu seinem Tod 1849 in freier Ehe verbunden. Diese Beziehung war für die damalige Zeit sicherlich anstößig und interpretationsfähig.

Ida Hahn-Hahn als Nonne, Holzschnitt aus der Zeitschrift „Bazar", 1866

Votivherz aus dem Schmuck von Ida Hahn-Hahn, gestiftet 1854

rin Fanny Lewald. Die war seit Jahren in ihren Cousin verliebt und verzieh es offenbar der Gräfin nicht, dass sie nicht selbst die Auserwählte war. Gerächt hat sie sich erst viel später, im Jahre 1847, mit der vielbeachteten, anonym herausgegebenen Romanpersiflage *Diogena*.

Warum Hahn-Hahn ihren Unterstützer, Begleiter und Förderer Bystram nicht geheiratet hat, ist ungeklärt. Ein angebliches Versprechen Bystrams, das er seiner Frau vor ihrem Tod gegeben haben soll, erscheint wenig plausibel. Aber die Verbindung muss auch ohne Trauschein sehr innig gewesen sein. Als Bystram 1849 starb, vollzog Ida Hahn-Hahn eine letzte Kehrwendung: sie konvertierte zum katholischen Glauben und gründete in Mainz ein Kloster für gefallene junge Frauen.[16] Auch das hatte sich bereits angedeutet: Schon im Roman Gräfin Faustine, der in mehreren Auflagen erschienen war, hatte sie mit dem Klostergedanken gespielt.

*

Wenn man sich für Reiseliteratur interessiert, besonders für historische Reiseforschung, begegnet man der Gräfin Hahn-Hahn mit Sicherheit auch heute noch in vielen literaturwissenschaftlichen Abhandlungen, denn sie gehörte zur ersten Generation reisender Frauen. Besonders ihre Orientreise in den Jahren 1843 bis 1844 erregte schon zu ihren Lebzeiten großes Aufsehen. Berichte darüber erschienen in regelmäßiger Folge in Zeitungen und Zeitschriften. Auch ihre Romane sind, wie die Bücher ihrer Kolleginnen Henriette Paalzow, Therese von Bacheracht, Fanny Lewald und natürlich George Sand, die ihr großes Vorbild war, von Zeitgenossen verschlungen worden. Man attestierte der Hahn-Hahn, die „deutsche George Sand" zu sein. Die hohe Aufmerksamkeit, mit der ihre Texte vom Publikum und von der Kritik aufgenommen wurden, war ungewöhnlich, aber nicht von Dauer. Als Erinnerung an eine Welt, die so nicht mehr existiert, bieten ihre Biographie und ihre Werke heute eine lohnende und faszinierende Reiseliteratur anderer Art.

Anmerkungen

1 Das Porträt befindet sich im Privatbesitz des Grafen Hahn.
2 Brief an Bruder Ferdinand vom 17. Januar 1840 (FRLA).
3 Tagebücher von K. A. Varnhagen von Ense, hg. von Ludmilla Assing, Bd. 1, Leipzig ²1863, S. 166.
4 Luise Mühlbach: Erinnerungsblätter, hg. von Thea Ebersberger, Leipzig 1902.
5 Heinrich Heine: Geständnisse, DHA, Bd. 15, S. 18.
6 Frauenbriefe von und an Hermann Fürsten Pückler-Muskau. Aus dem Nachlaß neu hg. von Heinrich Conrad, Leipzig 1912, S. 294.
7 Zur Biographie vgl. Marie Helene: Gräfin Ida Hahn-Hahn, Leipzig 1869; Katrien van Munster: Die junge Ida Gräfin Hahn-Hahn Graz 1929; Renate Möhrmann; Die andere Frau. Emanzipationsansätze deutscher Schriftstellerinnen im Vorfeld der Achtundvierziger-Revolution, Stuttgart 1977; Bernd Goldmann, Ida Hahn-Hahn – eine emanzipierte Frau und Schriftstellerin aus dem 19. Jahrhundert, in: Jahrbuch für Heimatkunde im Kreis Plön-Holstein 10 (1980), S. 36–50; Beate Borowka-Clausberg: Unterwegs zum Orient. Ida Gräfin Hahn-Hahns Schlesienfahrt 1843. Ein Reisebericht, Würzburg 2007; weitere biographische Details finden sich im Nachlass im Fritz Reuter Literaturarchiv, Berlin.
8 Friedrich Lisch: Friedrich Hahn, der erste Graf seines Geschlechts, in: Jahrbücher des Vereins für mecklenburgische Geschichte 21 (1856), S. 94.
9 Achim von Arnim besuchte 1806 Remplin und schrieb über das Theater des Grafen Hahn, vgl. den Kommentar von Renate Moering, in: Zeitung für Einsiedler, Berlin 2014, S. 1292–1294.
10 Die erste Auflage des Romans erschien 1838, die zweite Auflage unter dem Titel „Ilda Schönholm" 1845.
11 Brief vom 22. Januar 1819 an Rose Asser, in: Rahel. Ein Buch des Andenkens für Freunde, hg. von Barbara Hahn, Bd. 4, Göttingen 2011, S. 122.
12 Vgl. dazu Gesa Dane: Zeter und Mordio. Vergewaltigung in Literatur und Recht, Göttingen 2005.
13 Ida Hahn-Hahn: Gräfin Faustine, Dresden ²1842, S. 8.
14 Ebd., S. 118.
15 Ida Hahn-Hahn: Der Rechte, Berlin 1839, S. 278.
16 Über diese Zeit vgl. Helmut Hinkel: Ida Hahn-Hahn – …ich hätte große Lust mit Ihnen zu zanken. Mainzer Briefe an Christoph Moufang, Mainz 2014.

Gabriele Schneider

FANNY LEWALD
Die deutsche George Sand?

Fanny Lewald (1811–1889) war die einzige deutsche Schriftstellerin, mit der Heine befreundet war und „sich auf Augenhöhe über literarische und politische Fragen austauschte."[1] Möglicherweise rückte Fanny Lewald ab ihrem ersten Besuch bei ihm 1848 an die Stelle von George Sand, Heines „literarischer Cousine", mit der ihn seit 1834 eine enge Freundschaft verband. Seit Beginn seiner schweren Krankheit jedoch hatte sich ihr Kontakt zu ihm merklich gelockert. Diese Leerstelle füllte nun Fanny Lewald, ihrerseits ebenso „Verfechter der socialen Revolution"[2] wie die Französin und als Jüdin wie Heine selbst Außenseiterin und kritische Beobachterin der Gesellschaft.

Zwischen 1848 und 1855 besuchte Fanny Lewald Heine insgesamt etwa fünfzehnmal. Das überaus positive Bild des kranken Dichters in ihren *Erinnerungen aus dem Jahre 1848*[3] freute Heine so sehr, dass sie als Besucherin an seinem Krankenlager stets willkommen war[4], so im Herbst 1850 und 1855, wenige Monate vor Heines Tod. „Ich schmachte nach ihrem Kommen, um so mehr, als ich nichts mehr zu lesen habe", schreibt Heine an Lewalds Ehemann Adolf Stahr.[5]

Wer war diese Frau, der Zeitgenossen gern das Attribut der „deutschen George" verliehen? Und wie viel hatte Fanny Lewald wirklich gemeinsam mit der berühmten Französin? In jungen Jahren war schon allein die äußerliche Ähnlichkeit zwischen beiden auffällig, zudem ist die Vorbildrolle der Französin für die frühen jungdeutschen Romane Lewalds erkennbar.[6]

Bereits nach drei erfolgreichen Romanen – *Clementine*, *Jenny*[7] und *Eine Lebensfrage*[8] – konnte sich Lewald als Schriftstellerin in Berlin etablieren und die Enge des Königsberger Elternhauses hinter sich lassen. Sie wurde „salonfähig" und führte ab 1847 ihren eigenen Salon. 40 Jahre lang ge-

Fanny Lewald, Ölgemälde von David Wihl, 1851

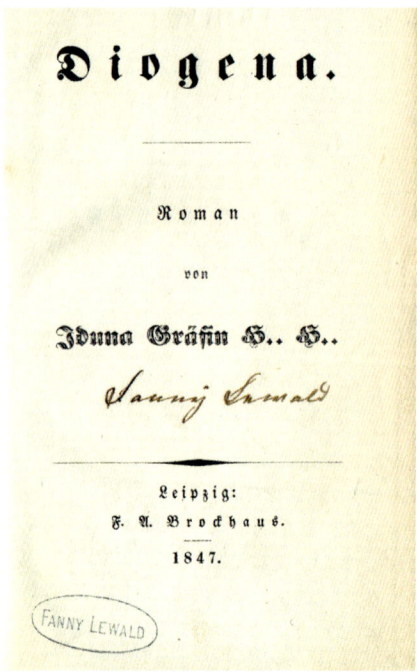

Titelblatt des Diogena-Exemplars aus der Bibliothek Fanny Lewalds mit Originalsignatur der Autorin

und dünnem Tee, „Hammelbraten mit Kirschkompott" waren der Familie vorbehalten.[10] Am 9. Januar 1849 – Lewald hat gerade eine neue Wohnung bezogen – berichtet sie Adolf Stahr: „Gestern Abend habe ich denn mein erstes festin vom Stapel laufen lassen. Alle haben sich gut unterhalten … Das kostet mich denn, alles aufs Genauste berechnet, selbst das Holz zu heißem Wasser, 1⅔ Taler u das darf man sich in den Wintermonaten schon alle Woche einmal erlauben, da man sich mit 20 Talern das Vergnügen machen kann, ein Haus zu machen."[11]

Wichtige Kontakte wurden an den Montagabenden bei der „Netzwerkerin" Fanny Lewald geknüpft[12], die als eindrucksvolle Persönlichkeit beschrieben wird: „Man muss es gehört haben, wenn sie an ihren … Empfangsabenden, die während der fünfziger und sechziger Jahre in Berlin eine nicht geringe Berühmtheit erlangten, ihre Gäste, um Mitternacht mit dem Haupte nickend, gütig lächelnd, und mit dem nicht ohne einen Anflug ‚keenigsbargschen' Dialektes ausgesprochenen Abschiedsgruß ‚Gute Nacht, gute Menschen!' … entließ."[13]

Salonfähig, präsentabel, präsent – alle diese Attribute treffen auf Fanny Lewald zu. Sie hat sich eingemischt und eingesetzt. Wer sich heute freut, dass die Museen an Sonntagen geöffnet sind, hat das u. a. ihr zu verdanken.[14] Vor allem aber hat sie den Grundstein gelegt für die bürgerliche Frauenbewegung. Bildung und Berufstätigkeit von Frauen waren ihr eine Herzensangelegenheit.

hörte die „Stube der Lewald" zu den bedeutendsten Gesellschaftskreisen dieser Art, die die Tradition der klassischen Epoche des Berliner Salons und des ästhetischen Teetischs, wie er zu Beginn des 19. Jahrhunderts bei Rahel Varnhagen, Henriette Herz, Sarah Levy und Henriette Solmar üblich gewesen war, fortsetzten. Liberale Politiker und Schriftsteller gingen hier ein und aus, Lewald förderte junge Talente, darunter Theodor Fontane, Gottfried Keller und Paul Heyse.[9] Literatur und Politik standen im Vordergrund der geselligen Montagabende bei Fanny Lewald, beköstigt wurden die Gäste aufs Einfachste, mit Butterbrot

Königsberg, um 1845

Aufgewachsen war Fanny Lewald in der Enge ihres jüdisch-patriarchalischen Elternhauses in Königsberg, das keineswegs das Leben einer „öffentlichen Person" für sie vorgesehen hatte, sondern eher das einer bieder-bürgerlichen Hausfrau. Sie beneidet ihre beiden jüngeren Brüder, die weiterhin die Schule besuchen durften, während für sie nach dem Verlassen der Schule mit 13 Jahren ein rigider Stundenplan für das Leben zu Hause aufgestellt wird, das „Nachlesen der alten Lehrbücher" ein Highlight des Tages.[15] Es wird von ihr erwartet, dass sie sich um die fünf jüngeren Schwestern kümmert. Doch sie möchte nicht zu Hause sitzen und warten, bis der richtige Ehemann gefunden wird. Sie möchte sich bilden und unabhängig werden. Nachdem sie zweimal unglücklich verliebt war, trägt ihr der Vater eine Versorgungsehe an, die sie strikt verweigert. Die Auseinandersetzung über die damals für bürgerliche Mädchen übliche Form der Verheiratung verarbeitet sie in ihrem ersten Roman *Clementine*: „Ich hasse die Ehe nicht; im Gegenteil, ich halte sie so hoch, daß ich sie und zugleich mich zu erniedrigen fürchte, wenn ich dies heilige Band knüpfe, ohne daß mein Gefühl Theil daran hätte. ... Ich halte heute noch die Ehe für den einzigen Weg, der den Menschen zu der größten Vollkommenheit führt, die seiner Individualität möglich ist. ... Aber was hat man aus der Ehe gemacht? Ein Ding, bei dessen Nennung wohlerzogene Mädchen die Augen niederschlagen, über das Männer witzeln und Frauen sich heimlich lächelnd ansehen. Die Ehen, die ich täglich vor meinen Augen schließen sehe, sind schlimmer als Prostitution.

Adolf Stahr, Zeichnung von Rudolf Lehmann, 1848

Fanny Lewald, Zeichnung von Rudolf Lehmann, Bleistift, aquarelliert, weiß auf Papier, 1849

Ist es nicht gleich, ob ein leichtfertiges, sittlich verwahrlostes Mädchen sich für eitlen Putz dem Manne hingibt, oder ob Eltern ihr Kind für Millionen opfern? Der Kaufpreis ändert die Sache nicht."[16]

Nur über Umwege gelangt Fanny Lewald zur Schriftstellerei. In der Phase ihrer „Leidensjahre" von 1832 bis 1840, die sie in ihrer *Lebensgeschichte* beschreibt, unternimmt sie erste schriftstellerische Versuche. Der Publizist August Lewald, Herausgeber der Zeitschrift *Europa*, ein Vetter ihres Vaters, mit dem sie in Korrespondenz steht, wird durch Fannys Beschreibung der Huldigungsfeier für den jungen preußischen König Friedrich Wilhelm IV. im August 1840 auf das Talent seiner jungen Verwandten aufmerksam und ermutigt sie, aus ihrer Neigung und Begabung einen Beruf zu machen. Nur widerstrebend gibt Vater David Lewald seiner ältesten Tochter die Erlaubnis dazu, er besteht auf der Wahrung der Anonymität, da er die Heiratschancen seiner fünf jüngeren Töchter gefährdet sieht.

Lewalds erste Romane sind autobiografisch geprägt, doch ihr Schicksal ist zeittypisch und damit exemplarisch. Jenny, die Titelheldin des zweiten Romans, verweigert wie die Autorin selbst die Konvenienzehe. Das bis heute anhaltende Interesse gerade an diesem Roman ist begründet durch

Ausflug nach Roma Vecchia. Zeichnung von Cornelius Gurlitt, 1846. Neben dem zeichnenden Louis Gurlitt sitzt Fanny Lewald, links stehend Adolf Stahr.

die Kombination der Problematik der Frauen und der Juden. Religiöse Toleranz, so das Fazit des Romans, ist nicht gerade die Stärke der preußischen Gesellschaft des Vormärz. Jennys Bruder Eduard wird als Jude die Heirat mit einer Christin verweigert: „Ich könnte eine Welt hassen, in der Herzen, die zusammengehören, getrennt werden, weil das eine so, das andere anders zu seinem Schöpfer betet, der beide füreinander erschuf, der sie, wie uns zusammenführte. ... Der Staat, der es erlaubt, daß Menschen ohne alle innere Zusammengehörigkeit einander den Eid der Treue vor dem Altar schwören, ... der Gesetze gibt, diese fluchenswerten Ehen zu schützen – derselbe Staat will es dulden, daß zwei Herzen, die in reinstem Einklang schlagen, sich verbinden, weil sie auf verschiedene Weise Gott für das Glück danken würden, das er ihnen durch ihre Liebe gewährt. – Das sind die Gesetze, vor denen man Achtung verlangt!"[17]

Nach den Erfolgen ihrer ersten Romane zieht Fanny Lewald nach Berlin und genießt den intellektuellen Freiraum, den die Berliner Gesellschaft der erfolgversprechenden Schriftstellerin bietet. Frauen wie Rahel Varnhagen und andere, die aus der Privatsphäre herausgetreten waren, verkörpern für sie den Inbegriff weiblicher Unabhängigkeit und Selbständigkeit. Nichts liegt daher näher, als dass sie sich, wenn auch noch mit bescheidenen

Mitteln, ihren eigenen Kreis begründet. Gesellschaftliche Prahlerei, große Diners und Zurschaustellung von Luxus lehnt sie ab, sie hat Vorbilder für ihre Soireen. In ihrer Autobiographie beschreibt sie als Historiografin literarische Salons, die ihre eigenen Vorstellungen von Gastlichkeit prägen, die der Grandes Dames Henriette Herz, Henriette Solmar und Sara Levy.[18]

In der Gesellschaft des Schriftstellerpaares Theodor und Clara Mundt trifft sie die junge Schriftstellergeneration, darunter Therese von Bacheracht, mit der sie bis zu deren Tod 1852 eine enge Freundschaft verbindet.

Internationale Kontakte knüpft Fanny Lewald auf ihren Reisen: In London findet sie Eingang in den Salon des Historikers Carlyle, in Paris in den Kreis um Marie d'Agoult, lange Zeit die Lebensgefährtin von Franz Liszt, in Rom nimmt sie Teil am Leben der deutschen Künstlerkolonie um Adele Schopenhauer, Ottilie von Goethe und der Kölner Archäologin und Numismatikerin Sibylle Mertens-Schaaffhausen.

Die Reiseschriften, die Lewald von ihren Reisen verfasst, gehören mit zum Besten, was sie geschrieben hat. Das literarische Ergebnis ihrer Italienreise 1845/46 ist das *Italienische Bilderbuch* (1847), sie berichtet über die Revolution von 1848 in Paris *(Erinnerungen aus dem Jahre 1848)* und über die Kehrseiten der Industrialisierung in England (*England und Schottland. Reisetagebuch*, 1850).

In Rom knüpft Fanny Lewald im November 1845 das wichtigste private Band, als sie ihrem späteren Ehemann, dem Oldenburger Gymnasialprofessor, Schriftsteller und Publizisten Adolf Stahr (1805–1876) begegnet, der damals noch mit einer anderen verheiratet ist.

Die weitläufigen Kontakte, das Eintreten für politisch-soziale Reformen und revolutionäre Ideen, sowie die Lebensführung einer ungewöhnlichen – weil selbständigen – Frau in einer ungewöhnlichen – weil zunächst nicht legitimierten Beziehung – prägen die Atmosphäre bei Lewald und Stahr, die ab 1852 in Berlin zusammenleben. Die Zusammenkünfte in ihrem Salon entwickeln sich zu einer festen Einrichtung mit starker politischer, liberal-demokratischer Prägung. Fanny Lewald, die seit Anfang der 1840er-Jahre, als die liberale Bewegung in ihrer Heimatstadt Königsberg eine Hochburg hatte, dieser politischen Strömung nahesteht, die sich v. a. für ein geeintes, demokratisches Deutschland einsetzt, empfängt in ihrem Haus führende Liberale und Abgeordnete, darunter den Königsberger Juristen Johann Jacoby und Ferdinand Lassalle, den Gründer der Sozialdemokratie.

Fanny Lewald ist die erste Berliner Salonnière, die sich systematisch mit der Verbesserung der bildungsmäßigen und rechtlichen Situation der Frau auseinandersetzt. In ihren zahlreichen Romanen und Schriften plädiert sie für die Ehescheidung (*Eine Lebensfrage*, 1845) und fordert als Ausweg aus der entwürdigenden Praxis der Konvenienzehe eine verbesserte Schulbildung und Beschäftigungsmöglichkeiten für Frauen und Mädchen (*Osterbriefe für die Frauen*, 1863; *Für und wider die Frauen*, 1870): „Wer wirklich ein Befreier des weiblichen Geschlechts werden will, muß daher vor allem dazu thun, es von seiner unheilbaren Sonderstellung zu erlösen." Denn: „Die Wissenschaft ist für die Frauen keine andere als für die Männer."[19]

Nach dem Motto „Emanzipation zu Arbeit und Erwerb" fordert sie die persönliche, wirtschaftliche und gesellschaftliche Selbständigkeit der Frau, weniger, wie George Sand, deren Selbstentfaltung – hier liegt der größte Unterschied zwischen den beiden Schriftstellerinnen, die in ihrem Land jeweils zu den bestverdienenden und renommiertesten Berufsschriftstellerinnen gehörten. Lewald stand der bürgerlichen Frauenbewegung nahe, nahm jedoch nicht aktiv daran teil und lehnte öffentliche Auftritte ab.

Sie war aber nicht nur Fürsprecherin der Frauen, sondern auch deren unerbittliche Kritikerin: „Für den Umgang mit Frauen gewöhnlicher Art", bekennt sie ihrem Neffen Wilhelm Gurlitt[20], „bin ich total verdorben. Ich leide unter der Trivialität des Kleinkrams ihrer Interessen."[21] Sie forderte von ihnen, sich von ihren Torheiten zu emanzipieren, statt Müßiggang, Eitelkeit und Putzsucht zu frönen.

Die Legendenbildung um die Person Fanny Lewalds als gesellschaftliche Institution hat dazu beigetragen, dass ihre Persönlichkeit lange Zeit vielen eher bekannt war als ihr umfangreiches schriftstellerisches Werk.

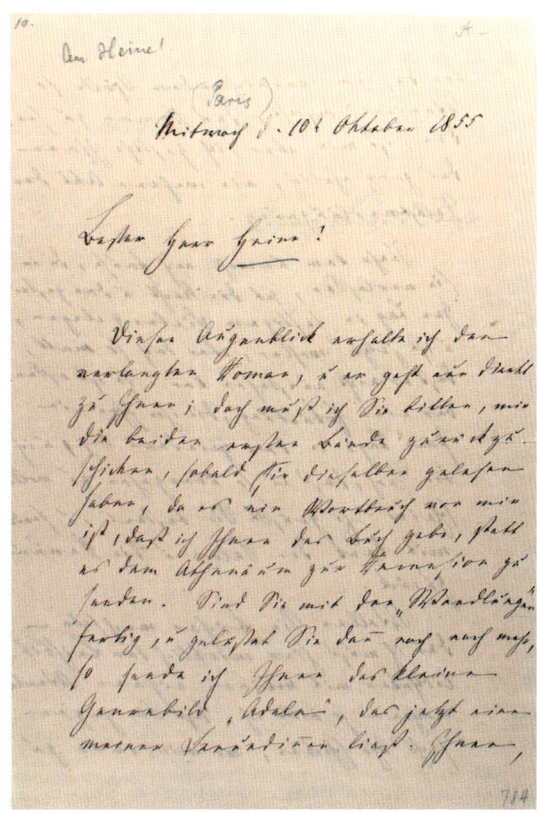

Fanny Lewald, eigenhändiger Brief an Heinrich Heine (Paris), 10. Oktober 1855

Immerhin verfasste Lewald zwischen 1843 und ihrem Tod 1889 insgesamt 26 Romane, 43 Bände mit Novellen und Erzählungen, 30 autobiografische Schriften und Reisebriefe und mindestens 40 Zeitungsartikel. In den letzten 30 Jahren hat die germanistische Forschung Fanny Lewald wiederentdeckt, denn viele ihrer Romane und Erzählungen, mit denen sie sich gesellschaftlicher Außenseiter annahm, haben bis heute eine erschreckende Aktualität. Sie war eine

Das Konversationshaus in Baden Baden, Stich von F. Würthle nach einer Zeichnung von Karl Lindemann-Frommel, um 1850

soziale und moralische Instanz, deren Appelle, vornehmlich in Zeitungen, nicht ungehört verhallten, ob es sich nun um die Unterstützung einer Altersversorgung für Lehrerinnen, ein Asyl für Obdachlose, die Einrichtung von Teebuden für Arbeiter im Winter (*Theebuden*, 1870), einen pazifistischen Aufruf gegen die Unvernunft der Kriegsführung (*Zehn Artikel wider den Krieg*, 1868) oder um ihre frauenemanzipatorischen Schriften handelte. Zeitlebens kämpfte sie für die Verbesserung der bürgerlichen Gesellschaft, für die Rechte Unterprivilegierter und Minderheiten, für Juden und Frauen, Tagelöhner und Dienstboten. Sie forderte den öffentlichen Schulbesuch von Mädchen – zu einer Zeit, als Hauserziehung noch üblich war –, die gleichen Bildungseinrichtungen für Mädchen wie für Jungen, als die Idee der Frauenbildungseinrichtungen und Frauenuniversitäten populär war, Gewerbeschulen, Realschulen, Gymnasien, die Ausbildung und Beschäftigung von Frauen in Männerberufen – und im Prinzip – das aktive und passive Wahlrecht (*Die Frauen und das allgemeine Wahlrecht*, 1870).

Der Vergleich Fanny Lewalds mit George Sand hinkt. Zwar gefiel sie sich durchaus zunächst als deutsches

Fanny Lewald, Aquarell von Michael Stohl, 1861

Alter Ego der Französin, stellte bei der Betrachtung von Heinrich Laubes *George Sand's Frauencharaktere* fest: „da gleicht das Titelkupfer, die Sand, mir im Ausdruck nach meinem Dafürhalten, mehr als meine Porträts, und ich begreife, daß Lewald und Herwegh von der Ähnlichkeit frap-

Gabriele Schneider

Fanny Lewalds Zimmer, Holzschnitt nach einem Aquarell von Emma Lobedan, um 1860

piert waren."[22] Zwar ist Lewalds Romanvorstellung anfänglich von Sands „Roman des Lebens" geprägt, Lewalds Novelle *Der dritte Stand* (1845) weist in Thematik (Lösung der sozialen Frage) und Figurenkonstellation Parallelen zu Sands *Le Compagnon du Tour de France* (1841) auf, und noch in späterer Zeit finden sich Parallelen zwischen Sands *Jeanne* (1844) und Lewalds Dienstbotenschicksal *Das Mädchen von Hela* (1860).[23] Doch in ihren Gesellschaftsentwürfen stehen sich die deutsche und die französische Autorin als pragmatische Sozialkritikerin (Lewald) und Sozialromantikerin (Sand) gegenüber.

Bewunderin und Freundin Heinrich Heines bleibt Fanny Lewald zeitlebens. Die Berichte, die sie über ihre Besuche bei Heine in Paris veröffentlichte, „gehören zu den interessantesten und inhaltsreichsten Zeugnissen über Heines Denken in der letzten Phase seines Lebens."[24] Zu ihren letzten Schriften zählen die *Erinnerungen an Heinrich Heine*.[25] Stets bleibt sie ihm gegenüber loyal, der sich ihr und Adolf Stahr freundschaftlich verbunden fühlte. Allerdings dokumentiert ihr privater Briefwechsel mit Adolf Stahr auch Kritik an Heine, die jedoch nicht öffentlich geäußert wurde.[26]

Anmerkungen

1 Christian Liedtke: Heinrich Heine. Ein ABC, Hamburg 2015, S. 222.
2 DHA, Bd. 13,1 Lutezia, S. 35.
3 2 Bde, Braunschweig 1850.
4 Vgl. Gespräche mit Heine. Gesammelt und hg. von H.H. Houben, Potsdam ²1948, S. 1081.
5 Vgl. Gabriele Schneider und Renate Sternagel: Fanny Lewald und Adolf Stahr: Ein bisher unbekannter Blick auf Heine. Mit unveröffentlichten Dokumenten aus dem Nachlass Lewald-Stahr, in: Heine Jahrbuch 53 (2014), hg. von Sabine Brenner-Wilczek, S. 114.
6 Vgl. Schneider: Vom Zeitroman zum „stylisierten" Roman: Die Erzählerin Fanny Lewald, Frankfurt am Main u. a. 1993, S. 11–27.
7 Beide erschienen 1843.
8 1845.
9 Vgl. Renate Sternagel: Fanny Lewald und ihre jungen Männer. Johann Jacoby, Heinrich Simon, Theodor Fontane, Gottfried Keller, Paul Heyse, in: Christina Ujma (Hg.): Fanny Lewald (1811–1889), Studien zu einer großen europäischen Schriftstellerin und Intellektuellen, Bielefeld 2011, S. 67–92.
10 Vgl. Gabriele Schneider und Renate Sternagel: Ein Leben auf dem Papier. Fanny Lewald und Adolf Stahr. Der Briefwechsel 1846–1852, Bd. 1, Bielefeld 2014, S. 392.
11 Gabriele Schneider und Renate Sternagel: Ein Leben auf dem Papier (wie Anm. 10), Bd. 2, Bielefeld 2015, S. 432.
12 Ihr Neffe Theodor Lewald, später Initiator und Organisator der Olympischen Spiele von 1936, knüpfte als junger Jurist in ihrem Salon wichtige Kontakte für seine Karriere im kaiserlichen Staatsdienst, für die schon sein Ruf als „Fannys Neffe" eine Empfehlung darstellte.
13 Gabriele Schneider: Fanny Lewald, Reinbek bei Hamburg 1996, S. 96, zit. nach: Ludwig Pietsch: Wie ich Schriftsteller geworden bin, Berlin 1893, S. 224.
14 Fanny Lewald: Bitte um eine große Weihnachtsbescherung, in: National-Zeitung, 18. Dezember 1858.
15 Vgl. Fanny Lewald: Meine Lebensgeschichte, Bd. 1, hg. von Ulrike Helmer, Frankfurt am Main 1988, S. 140 f.
16 [Fanny Lewald:] Clementine, Leipzig 1843, S. 23 ff.
17 Fanny Lewald: Jenny, hg. v. Ulrike Helmer, Frankfurt am Main. 1988, S. 131 ff.
18 Vgl. F. Lewald: Meine Lebensgeschichte (wie Anm. 15), Bd. 3, S. 79–83, 90 f. u. 198 f.
19 Fanny Lewald: Für und Wider die Frauen. Politische Schriften, hg. von Ulrike Helmer, Frankfurt am Main 1989, S. 145 f. und S. 187.
20 Er war ein Sohn des Landschaftsmalers Louis Gurlitt, Urgroßvater des umstrittenen Kunstsammlers Cornelius Gurlitt.
21 G. Schneider: Fanny Lewald (wie Anm. 13), S. 106.
22 Brief an Adolf Stahr vom 6. Dezember 1846, Nachlass Lewald-Stahr, Staatsbibliothek zu Berlin, Preußischer Kulturbesitz.
23 Vgl. G. Schneider: Vom Zeitroman zum „stylisierten" Roman (wie Anm. 6).
24 Chr. Liedtke: Heinrich Heine. Ein ABC (wie Anm. 1).
25 Zeitschriftenabdruck 1886 und 1887 in Westermanns Monatshefte, Bd. 61, S. 121–134 und Bd. 62, S. 100–112, S. 206–216; später erschienen in Zwölf Bilder nach dem Leben, Berlin 1888.
26 Vgl. G. Schneider/R. Sternagel: Fanny Lewald und Adolf Stahr (wie Anm. 5).

Renate Sternagel

DER LEBENSROMAN DER THERESE VON BACHERACHT

Therese von Bacheracht (1804–1852) besaß viele der Talente und alle Voraussetzungen, die es brauchte, um in den Dreißiger und Vierziger Jahren des 19. Jahrhunderts einen Salon zu führen: Sie war weltgewandt und belesen, alle, die sie kannten, rühmten ihre Liebenswürdigkeit und Diskretion, ihre Toleranz und ihren Humor. Ihre Zugehörigkeit zum Adel und ihr Status als Diplomatenfrau öffneten ihr die Türen zu den Häusern der Oberschicht, durch ihre Freundschaft mit Fanny Lewald und durch ihr Liebesverhältnis mit Karl Gutzkow, einem der wichtigsten Autoren des Jungen Deutschland, fand sie Aufnahme in die Kreise der geistigen Elite. Auch Begegnungen mit den „linken" Freunden Fanny Lewalds ging sie nicht aus dem Weg – dem von Verhaftung bedrohten Juristen Heinrich Simon[1] besorgte sie durch ihren Mann einen Pass, der ihm die Flucht ins Ausland ermöglichte, der unerschütterliche Republikaner Johann Jacoby hinterließ bei ihr „den angenehmsten Eindruck".

Doch Therese von Bacheracht war keine Salonnière. Auf ihrem Terminkalender zu Hause in Hamburg standen vornehmlich Diners mit Senatoren und dienstliche Einladungen, die durchreisenden Diplomaten galten[2] – nebst Besuchsprogramm für die begleitenden Gattinnen. Im übrigen führte sie ein unstetes Leben. Zu einem Salon gehörten feste Zeiten, aber Therese von Bacheracht verbrachte einen Großteil des Jahres auf Reisen. In ihrer Jugend waren es Badereisen gemeinsam mit den Eltern gewesen, später war sie mit ihrem ersten Mann Robert von Bacheracht, noch später mit ihrem Geliebten Gutzkow unterwegs und auf der letzten und größten Reise ihres Lebens, die nach Niederländisch-Indien führte, begleitete sie ihren zweiten Mann Heinrich von Lützow an seinen Dienstort Surabaya.

Therese von Bacheracht, Gemälde von Friedrich Carl Gröger, Öl auf Leinwand, 1830

Handschriftliches Tagebuch einer Rheinreise aus dem Jahr 1822

Auch auf Java unternahm sie zahlreiche Exkursionen.

Zuvor, noch in Europa, hatte sie sich in den ersten Hotels von Paris ebenso zu Hause gefühlt wie in denen von Wien und St. Petersburg. Begleitet wurde sie stets von ihrer Zofe, zu deren Aufgaben unter anderem das Bügeln der Hoftoilette gehörte. Denn überall waren Einladungen zu gewärtigen. In Wien dinierte Therese von Bacheracht beim Fürsten Metternich[3], am Weimarer Hof war Erbprinz Carl-Alexander ihr Tischherr[4], in St. Petersburg nahm sie an einem glänzenden Hofball teil[5] und überbrachte auf der Heimreise der Großherzogin Alexandrine von Mecklenburg-Schwerin Aufträge von deren Schwester, der russischen Kaiserin Alexandra Fjodorowna.[6] Nur einmal, später in Niederländisch-Indien, machte sie eine ungewohnte Erfahrung. Bei einem Diner, das der maduresische Sultan seinen europäischen Gästen gab, musste Therese, nunmehr Frau von Lützow, obwohl in „Staatskleider" gewandet, einsam in einem Nebenzimmer ausharren. Immerhin konnte sie von dort aus die lange Tafel überblicken, an der ihr Gatte, Heinrich von Lützow, und Herzog Bernhard von Sachsen-Weimar mit den männlichen Würdenträgern von Madura speisten: „Die Tafel war durchaus europäisch, mit schönem französischem Porzellan verziert. Statt gewöhnlicher Diener warteten Häuptlinge auf. … Mir schleppten indes Diener so viel Essen zu, dass es kaum Platz in dem Kämmerlein fand. Ich mochte noch so viel protestieren, bei jeder neuen Schüssel hieß es: ‚Der Sultan hat befohlen!'"[7]

Als Therese von Bacheracht sich Ende 1846 in Berlin aufhielt, schrieb Fanny Lewald an Adolf Stahr: „Die Bacheracht macht hier geradezu Furore. Die Prinzess von Preußen hat sie dringend g e b e t e n, den ganzen Winter hier zu verleben. „Eine Frau wie Sie fehlt uns, um den Hof mit der Literatur zu vermitteln usw. Wir schätzen die junge Literatur, sagen Sie Gutzkow, der Ihnen ja nahe steht, dass es den Prinzen und mich schmerze, dass Sachsen sein Talent anerkennen muss, statt seines Vaterlandes.[8] Aber wir sind ganz unfrei; es kommt vielleicht eine Zeit, in der wir usw. – Natürlich umschwärmt alles, was zum Hofe gehört, sie in Scharen, u sie ist gut u natürlich liebenswürdig …"[9]

Nicht nur am Hof, auch in den Berliner Salons war Therese von Bacheracht ein gern gesehener Gast, bei den Donnerstagen im konservativen Hause Olfers ebenso wie bei der liberaleren Henriette Solmar und bei den ehemals Jungdeutschen Clara und Theodor Mundt. Dort hatte sie im Frühjahr 1845 Fanny Lewald kennen gelernt. Von einem der späteren Berlinaufenthalte Thereses wusste der konservative Schriftsteller Alexander von Ungern-Sternberg zu berichten: „Sie hatte keinen eigentlichen Salon, denn sie befand sich nur zum Besuch, doch aber versammelte sie einige der sonst so sehr verstreuten Geister um sich her. … In ihrem Zimmer im Gasthofe kam man zusammen, nicht um Tee zu trinken, was schon als unzeitgemäß und veraltet betrachtet wurde, sondern um Cotelets zu verspeisen und Bier zu trinken. Hier und da brachte auch die schöne Therese eine Cigarre zum Vorschein, und unter ungeheuerm Applaus der Männer steckte sie sie zwischen die Lippen. Alles neu, Alles reizend! – Wäre Therese nicht so schön gewesen und Fanny Lewald nicht so geistvoll, es hätte unleidlich sein können, so aber fügte man sich. Die alten, in ihrem guten Recht bestehenden Theecirkel nannten diesen usurpato-

Therese von Bacheracht in russischer Tracht, Gemälde, Öl auf Leinwand, um 1820 (Detail)

Therese von Bacheracht als in eine Zigarre (ganz links im Bild) verwandelte Emanzipierte, die von Gutzkow geraucht wird. Karikatur aus „Tutu" von Alexander von Ungern-Sternberg, 1846

rischen Verein die Cotelelettenbrüderschaft. Es war aber eine ganz angenehme Brüderschaft, und obgleich sie nur wenige Abende erlebte, kann sie doch auf Erinnerungsdank rechnen."[10]

Aufsehen erregte Thereses Hang zum blauen Dunst vor allem deswegen, weil er sich bei ihr nicht mit einem Hang zu Männerkleidung verband wie etwa bei ihrem großen literarischen Vorbild George Sand oder der revolutionären Louise Aston. Im Gegenteil: Sie kleidete und schmückte sich, wie häufig berichtet wurde, auf das Erlesenste und Ausgesuchteste. 1841 zum Beispiel, als sie Marie d'Agoult und ihren Lebensgefährten Franz Liszt auf der Insel Nonnenwerth besuchte, schrieb eine anwesende Dame voller Bewunderung: „Sie war in heller Seide, einen [sic!] klaren Longshawl, ein Collier von drei Reihen Perlen von der größten Erbsengröße; wohl zehn verschiedene Armbänder, jedes besonders schön und kostbar, Broche, Prachttaschentuch, alles correspondirte."[11]

Therese, in Stuttgart geboren, war seit ihrem zehnten Lebensjahr Hamburgerin. Die Familie zog dorthin, als der Vater, Heinrich von Struve, 1814 zum russischen Gesandten für die Hansestädte ernannt wurde. Über ihre frühe Kindheit in Stuttgart und Kassel ist nichts bekannt; den Namen The-

Liszt im Konzersaal nach einer Zeichnung von Theodor Hosemann, 1842

rese verdankte sie der Freundschaft ihrer Mutter mit der Schriftstellerin Therese Huber.[12] Die Dreizehnjährige wurde von den Eltern für ein Jahr nach Weimar geschickt, wo ein Diplomatenonkel sich ihrer Bildung annehmen sollte. Er nahm seinen Auftrag so ernst, dass er ihr sogar bei den Mahlzeiten vorlas.[13] In ihrem Buch *Am Theetisch* erinnerte sich Therese an Begegnungen mit Goethe („gemessen und kalt durch und durch") auf Spaziergängen im Park an der Ilm und an Besuche in seinem Haus, wo er ihr gnädig seine mineralogische Sammlung zeigte, und wo sie an Lebenden Bildern teilnahm, die von der Malerin Julie von Egloffstein arrangiert wurden. Als sie den Knaben Isaak darstellte, der gerade von Abraham geopfert werden sollte und sich dabei sehr „lammsmäßig" fühlte, geriet das Tableau vivant ungewollt in heftige Bewegung, als im Nebenraum plötzlich eine Minerva aus Gips krachend vom Sockel fiel.[14]

Einige Jahre lebte sie in St. Petersburg als Schülerin eines kaiserlichen Mädchenpensionats für die Angehörigen des Hochadels. Die Sommermonate verbrachte die Familie gewöhnlich in Kurorten, meistens in Marienbad, auch einmal im westfälischen Bad Driburg, wo Therese der um sieben Jahre

Der Kreuzbrunnen und die Wandelhalle in Marienbad, Stich von Berka nach einer Zeichnung von Skalnik, um 1825

älteren Annette von Droste-Hülshoff begegnete.[15] Von einem der Aufenthalte in Marienbad, im verregneten Sommer 1824, stammt Thereses erste erhaltene Aufzeichnung, ein für den nicht mitgereisten Vater bestimmtes Tagebuch[16], das einen anschaulichen Eindruck davon vermittelt, in welchen Kreisen man sich bewegte. Die Fürstinnen von Hohenzollern-Hechingen und Öttingen-Wallerstein, Graf von Saint Leu (vormals holländischer König Jérôme) mit seinem „hoffnungsvollen" Sohn Napoleon und der „kleine und dicke" Graf von Thurn und Taxis, sowie mehrere Grafen Reuß sind nur einige der Persönlichkeiten, mit denen promeniert, getanzt und Champagner getrunken wurde. Vielleicht hatten die Eltern sich von diesem Aufenthalt erhofft, dass unter den Badegästen ein künftiger Schwiegersohn erscheinen würde, doch das geschah nicht. Im folgenden Jahr aber, 1825, heiratete Therese – ließ sich verheiraten, genauer gesagt, an einen jungen wohlhabenden Hamburger Kollegen ihres Vaters, Robert von Bacheracht. „Eine Nachtlampe neben einer Sonne", sagte Fanny Lewald über ihn, als sie ihn zum ersten Mal sah. Den Eltern war wohl nicht entgangen, dass sich zarte Bande zwischen ihrer Tochter und einem Cousin, Heinrich von Lützow, angesponnen hatten, was nicht sein sollte, denn der mecklenburgische Leutnant war nicht nur jünger als sie, sondern befand sich ständig in Geldschwierigkeiten – keine guten Auspizien für eine gemeinsame Zukunft.

Die Konventionsehe der Bacherachts wurde nicht glücklich, doch man

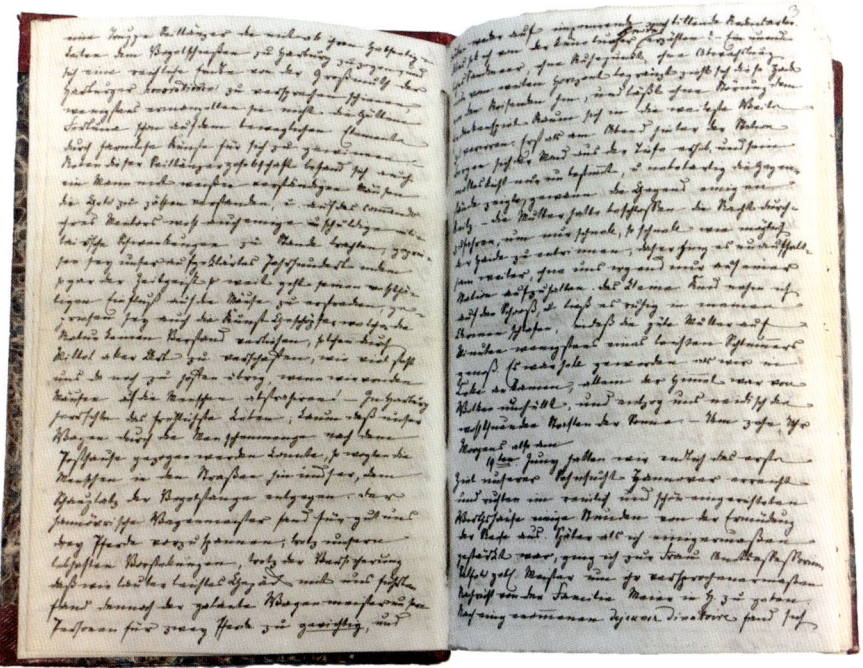

Handschriftliches Tagebuch einer Reise von Hamburg nach Marienbad und zurück, 1824

ging bis zuletzt pfleglich und kultiviert miteinander um. Fanny Lewald, die Robert von Bacheracht während ihrer Besuche 1847 und 1848 dann doch schätzen lernte, und die ihm einen „feinen Charakter" attestierte, sagte, es herrsche „unbedingt der beste Ton in diesem kleinen Hause." Wenn es allerdings darauf ankam, Gefühle zu zeigen, war auf Bacheracht nicht zu rechnen. Als 1833 der einzige Sohn des Paares, Alexander, mit nur drei Jahren starb, was Therese in tiefste Verzweiflung stürzte, erwies sich ihr Ehemann unfähig, mit ihr zu trauern. Immerhin, er versuchte, sie zu trösten, indem er mit ihr eine einjährige Reise unternahm, die die beiden über die Schweiz nach Italien und von dort durch die Türkei nach Russland führte. Wiederum, wie in Marienbad, führte Therese ein Brieftagebuch, für die Eltern daheim[17], aber dieses Mal sollte es einen größeren Leserkreis finden: nachdem sie es umgearbeitet hatte, erschien es 1841 unter dem Titel *Theresens Briefe aus dem Süden* als ihre erste Publikation.

Dieses Reisebuch veränderte ihr Leben. Mit ihm begann ihre schriftstellerische Karriere, die zwar nur acht Jahre lang dauerte, aber nicht weniger als fünf Romane, eine Reihe von Novellen und vier Reisetagebücher hervorbrachte, die alle unter Pseudonym, das heißt, unter ihrem Vornamen

Der Jungfernstieg in Hamburg, kolorierter Kupferstich von Peter Suhr, um 1830

Therese erschienen. Unter diesem Namen gab sie auch die Briefe heraus, die Wilhelm von Humboldt an ihre verstorbene Kasseler Freundin Charlotte Diede geschrieben und die diese ihr vermacht hatte. „Ein vortrefflicher Verlagsartikel", wie Thereses Verleger Brockhaus noch Jahre später, nach Thereses Tod, bemerkte.[18]

Diese plötzliche und erstaunliche Schaffensfreude verdankte sich zum einen dem Umstand, dass das Schreiben Therese von Bacheracht offenbar einen Ausweg aus dem Schmerz über den Verlust ihres Kindes eröffnete. Zum anderen hatte sie zweifellos ihren Grund in der Beziehung Thereses zu Karl Gutzkow, aus der nach der ersten Begegnung nicht nur rasch eine leidenschaftliche Liebesaffäre wurde, sondern auch gewissermaßen eine „geistige Gütergemeinschaft."[19] Der Schriftsteller und Journalist Gutzkow war in Deutschland sehr bekannt, seitdem sein skandalumwitterter Roman *Wally die Zweiflerin* ihm 1835 ein Verfahren wegen Gotteslästerung, sechs Wochen Gefängnis und für sieben Jahre ein Publikationsverbot für Preußen eingetragen hatte. Seit 1838 gab er in Hamburg die Zeitschrift *Telegraph für Deutschland* heraus – und in dieser Zeitschrift rezensierte er, der als Kritiker gefürchtet war, *Thereses Briefe aus dem Süden* in beinahe hymnischen Tönen. Ein kleines Wunder, denn so etwas geschah weiblichen Autoren sonst so gut wie nie.

Für einige Jahre zählte Therese zu den erfolgreicheren Schriftstellerinnen, sicher nicht zuletzt wegen der großen und ständig wachsenden weiblichen Leserschaft.[20] Das galt vor allem für ihre Reisebücher. Im Mittelpunkt ihrer in der Gegenwart angesiedelten Romane und Novellen standen meistens Frauen, deren Schicksal die Folge falscher Erziehung und mangelnder Bildung war, die unter männlicher „Tyranney" und Dominanz zu leiden und Ausbruchsversuche in die „Freiheit" bitter zu büßen hatten. Alle ihre Liebesgeschichten bis auf eine endeten unglücklich. Liebende, die füreinander bestimmt schienen, kamen nicht zusammen, die Frauen gingen Konvenienzehen ein, endeten in Einsamkeit oder fanden den Tod nach einer langen Odyssee durch unwahrscheinlichste Verwicklungen, Missverständnisse und Intrigen. Dabei beschränkte Therese sich meist auf den Teil der Gesellschaft, in dem sie selbst zu Haus war: die Welt des Adels. Eine Ausnahme bildete der Roman *Heinrich Burkart* (1846), in dem Therese sich mit George Sands *Compagnons du Tour de France* (1840) auseinandersetzte.[21] Hier war die männliche Hauptfigur ein bürgerlicher „Handarbeiter", spielten die politischen Fragen der Vorrevolutionszeit eine Rolle, standen sich Ultrakonservative und Kommunisten feindlich gegenüber. Zwei ihrer Novellen sind deutlich autobiografisch geprägt: *Mathilde* (1842) und *Sigismund* (1848). Über die letztere schrieb Fanny Lewald an Adolf Stahr: „… eine Novelle, in der sich die vollkomms-

Karl Gutzkow 30 July 41, Zeichnung von Marianne Chodowiecka, Bleistift auf Papier, 1841

te Impotenz ausdrückt, und doch sind Schmerzensschreie darin, vor deren Wahrheit ich erzitterte, und die auch dich erbeben machen würden."[22]

Mit dieser Äußerung spielte Fanny Lewald auf Thereses Liaison mit Gutzkow an, die 1848, nach sieben Jahren, vier glücklichen und drei für beide Beteiligte qualvollen, ihr Ende fand.[23] Die Wege trennten sich, und beide knüpften neue eheliche Bande – wobei es bei Therese eine alte Verbindung war, die sie – unter dringendem Zureden Fanny Lewalds – wieder auf-

Chinesische Dschunke aus Keramik, ein von Therese von Bacheracht erworbenes Spielzeug aus Java, Zeichnung, Objektzettel, um 1845

nahm. Sie ließ sich von Bacheracht scheiden und heiratete eben jenen Cousin Heinrich von Lützow, der einst ihre Jugendliebe gewesen war. Dieser war 1830 von seinem Dienstherrn, dem mecklenburgischen Großherzog Friedrich Paul, ans andere Ende der Welt verbannt worden, nachdem jener entdeckt hatte, dass der junge Mann in eine Liebesaffäre mit seiner Gemahlin Alexandrine verstrickt war. Für solche Fälle bot sich die niederländische Kolonialarmee an, und so hatte Lützow achtzehn teils recht kriegerische Jahre auf Sumatra und Java und einen bescheidenen Aufstieg auf der militärischen Karriereleiter hinter sich, als er 1848 zum Heimaturlaub nach Deutschland zurückkehrte.

Bevor Therese ein Jahr später als Lützows Ehefrau mit ihm nach Java aufbrach, gab sie – wohl auf seinen Wunsch hin – die Schriftstellerei auf; im Vorwort ihrer letzten Veröffentlichung, *Novellen* (1849), nahm sie in aller Form Abschied von ihrer treuen LeserInnengemeinde. Von dem, was auf sie wartete, hatte sie keine Vorstellung.

Die Fünfundvierzigjährige kam schwanger auf Java an, fand sich dort aber bereits vor ihrer Niederkunft im Juni 1850 als Mutter zweier Kinder, die aus der langjährigen eheähnlichen Verbindung Heinrich von Lützows mit einer einheimischen Frau namens Melatti stammten. Diese hatte angeblich der Beendigung ihrer Beziehung und der Übergabe ihrer Kinder an Therese zum Zwecke ihrer europäischen Erziehung zugestimmt – es ist aber nicht sicher, ob Lützow sie nicht doch wiedergesehen hat. Schlimm war, dass es um seine Gesundheit nicht zum Besten stand, und fast noch schlimmer, dass seine finanziellen Verhältnisse keineswegs so glänzend aussahen, wie er es Therese hatte glauben machen. Zum ersten Mal in ihrem Leben war Therese in Geldnot, denn den Lützows blieben nach Abzug ihrer Lebenshaltungskosten und sonstigen Verpflichtungen gerade einmal hundert Gulden im Monat übrig. Das reichte, wie Therese bitter bemerkte, um Briefporto und Trinkgelder zu zahlen!

Heinrich Heine, dem Fanny Lewald 1850 auf seine Frage nach dem „schönen Falter Therese" von den Schicksalen ihrer Freundin erzählte, wenn auch sicher mit einigen Auslassungen, war fasziniert von dem „Romanhaften dieses Lebensganges", er konnte „gar nicht genug davon hören".[24] Therese und er hatten sich viele

Barcarole venetienne von Franz Liszt aus dem Jahr 1840, Therese von Bacheracht gewidmet

Therese von Bacheracht, Stahlstich von W. C. Wranckmore nach einer Lithographie von Speckter aus der Zeitschrift „Penelope" 1846

Jahre zuvor in Hamburg kennengelernt, da war sie wohl noch ein Kind gewesen. Obgleich Therese die Pariser Gesellschaft gut kannte – ihre Schwiegermutter lebte dort – hatte es später keine Begegnung mehr gegeben, wozu wohl das feindselige Verhältnis zwischen Gutzkow und Heine beigetragen hatte. Erst im März 1848 hatten Therese von Bacheracht und Fanny Lewald auf ihrer gemeinsamen Reise nach Paris dem kranken Heine einen Besuch abgestattet, und als er sie wenige Tage darauf in ihrem Hotel besucht hatte, war es zu folgender Szene gekommen. Beim Abschied „... sah er sie [Therese] lange an und rief: ‚Gott! Was haben Sie für ein schönes Profil! Was sind Sie schön für eine Schriftstellerin!'"

Fanny Lewald nannte das später eine in „satirischer Höflichkeit" versteckte „bedenkliche Schmeichelei"[25] und tatsächlich lugt ja hinter diesem Ausruf die damals gängige männliche Überzeugung hervor, dass Schönheit und geistige Arbeit bei Frauen sich nicht vertrügen, dass Schriftstellerinnen es nötig hätten, zu schreiben, weil ihnen das wichtigste Attribut der Weiblichkeit, die Schönheit, abginge.

Dass Heine jemals ein Buch von Therese von Bacheracht gelesen hat, darf bezweifelt werden. Umgekehrt scheint aber auch Therese erstaunlicherweise wenig bekannt mit Heines Werken gewesen zu sein, trotz all ihrer Belesenheit. Sie bekam seine Gedichte erst im Sommer 1848 von Fanny Lewald geschenkt und schrieb darüber an Gutzkow im typischen Therese-Ton: „Die Gedichte sind doch überaus geistreich und schlagend, ein Klageruf voll unendlichem Weh, eine Geisterstimme, ein Genius, der im silbernen Gewande, mit goldenen Flügeln, einem Bocksfuß und Sonnenglorien ums Haupt über die Erde schwebt, ein seltsam reflektierendes, opponierendes, kritisierendes Element, das scharfe Wache über die Schwächen der Menschen hält."

Im Übrigen war sie sich mit vielen ihrer Zeitgenossen einig, wenn sie an Heine vor allem eines meinte beklagen zu müssen: „die eine, die fürchterliche, verzehrende Richtung seines Lebens, ... die Sinnlichkeit."

„Wäre er dem Ideale gefolgt, so wäre Großes aus ihm geworden, denn der Mensch entfaltet sich nur in und um die Idee. Bleibt er diesem höheren Prinzip treu, so hat er Freiheit, Mut und Energie. Neigt er sich der Sinnlichkeit zu sehr zu, so zerbricht er in Stücken und sein Erbteil wird Zerrissenheit."[26]

Im Herbst 1852 endete Thereses Lebensroman. Heinrich von Lützows Vater starb, und die Erbschaft ermöglichte Heinrich, Therese und den Kindern nach Regelung der Verbindlichkeiten auf Java die Rückkehr nach Deutschland. Vor ihrer Abreise jedoch wollte Therese eine Region im Süden der Insel besuchen, die sie noch nicht kannte. Sie hatte nämlich gegen ihre Absicht doch wieder begonnen zu schreiben, ein *Javanisches Tagebuch*, mit dem sie meinte, aufgrund ihres langen Aufenthaltes und ihrer privilegierten Stellung, der deutschen Leserschaft eine ganz besondere Schilderung der fremden, exotischen Welt bieten zu können. Fanny Lewald teilte diese Ansicht. Sie, die nach und nach alle Kapitel zugeschickt bekommen hatte, schrieb darüber an Stahr, es sei das Beste, was Therese je geschrieben habe.

Auf dieser Reise starb Therese am 16. September 1852 vermutlich an Amöbenruhr, in Tjilatjap, einem entlegenen Ort an der Südküste. Es war ein Tod sozusagen im Dienst der Literatur.

Anmerkungen

1 Heinrich Simon wurde 1847 wegen Majestätsbeleidigung angeklagt.
2 Robert von Bacheracht war russischer Legationsrat und Konsul in Hamburg.
3 Therese [von Bacheracht]: Eine Reise nach Wien, Leipzig 1848, S. 156.
4 Gabriele Schneider und Renate Sternagel (Hg.): Ein Leben auf dem Papier. Fanny Lewald und Adolf Stahr – Der Briefwechsel 1846 bis 1852, Bd. 2, Bielefeld 2015, S. 268.
5 Therese [von Bacheracht]: Am Theetisch, Braunschweig 1844, S. 303 f.
6 Briefe der Großherzogin Alexandrine von Mecklenburg an Heinrich von Lützow 1829–1831, Staatsbibliothek zu Berlin Preußischer Kulturbesitz, Nl. Lützow, Kasten 1, Nr. 3.
7 Therese von Bacheracht: Heute werde ich Absonderliches sehen, Briefe aus Java 1850–1852, hg. von Renate Sternagel, Königstein 2006, S. 119 f.
8 Der aus Berlin stammende Karl Gutzkow war gerade Dramaturg am Dresdner Hoftheater geworden.
9 Ein Leben auf dem Papier (wie Anm. 4), Bd. 1, S. 173.
10 Alexander von Ungern-Sternberg: Erinnerungsblätter aus der Biedermeierzeit, Bd. 3, Leipzig 1857, S. 85 f.
11 Emil Jacobs: Franz Liszt und die Gräfin d'Agoult in Nonnenwerth 1841–1842, in: Die Musik, 11. Jg., Bd. XLI, Berlin u. Leipzig 1911, S. 41.
12 Ein Leben auf dem Papier (wie Anm. 4), Bd. 2, S. 207.
13 Ebd., S. 265.
14 Weimar'sche Erinnerungen, in: T. [von Bacheracht]: Am Theetisch (wie Anm. 5), S. 211–222.
15 Annette von Droste-Hülshoff: Brief an Elise Rüdiger vom 17. Juni 1845.
16 Therese [von Bacheracht]: Reise nach Marienbad, Staatsbibliothek zu Berlin, Preußischer Kulturbesitz, Nl Lützow, K. 1, Nr. 9.
17 Theresens [von Bacherachts] Reise 1833 und 1834, ebd., Nr. 10.
18 Aus den Tagebüchern von Heinrich Brockhaus, Bd. 2, Leipzig 1884, S. 383.
19 Der Ausdruck stammt von Fanny Lewald.
20 Dieser Absatz basiert mit einigen Änderungen auf meinem Text in: Heute werde ich Absonderliches sehen (wie Anm. 7), S. 19.
21 Dazu: Kerstin Wiedemann: Zwischen Irritation und Faszination. George Sand und ihre deutsche Leserschaft im 19. Jahrhundert, Tübingen 2003, S. 332–336.
22 Ein Leben auf dem Papier (wie Anm. 4), Bd. 1, S. 558.
23 Vgl. Therese von Bacheracht und Karl Gutzkow: Unveröffentlichte Briefe 1842–1849, hg. Werner Vordtriede, München 1971.
24 Fanny Lewald: Erinnerungen an Heinrich Heine, 1886, in: Zwölf Bilder nach dem Leben, Berlin 1888, S. 218 f.
25 Ebd., S. 210.
26 Brief an Gutzkow vom 27. Juli 1848, Vordtriede, (wie Anm. 23), S. 172 f.

Jocelyne Kolb

EIN VIRTUELLER SALON
George Eliot und Heinrich Heine

Die englische Schriftstellerin, Übersetzerin und Journalistin George Eliot (1819–1880), eigentlich Marian Evans, zählte zu den erfolgreichsten Autoren des viktorianischen Zeitalters. Ihre Schreibweise wurde mit dem funkelnden Stil Heinrich Heines verglichen, und auch sie selbst fühlte die Nähe zu diesem Geistesverwandten, wie ihr 1856 erschienener Essay über *German Wit* belegt. George Eliot hatte Heine 1854 in Berlin kennen gelernt. Nicht persönlich, versteht sich, denn Heine lag zu dieser Zeit schon in seiner Pariser „Matratzengruft", aber intensiv genug, so dass man doch von persönlicher oder wenigstens von virtueller Begegnung sprechen könnte. Nicht zuletzt deshalb, weil diese Begegnung durch Menschen vermittelt wurde, die Heine tatsächlich kannten: durch Varnhagen von Ense, einen alten Freund von George Henry Lewes, dem Autor, Goethe-Biografen und Lebensgefährten George Eliots, und durch Fanny Lewald, die während ihres England-Aufenthalts von 1849/50 Lewes kennengelernt hatte und damals für seine neue Zeitschrift *The Leader* einen Artikel verfasste.

Gleich nach ihrer Ankunft in Berlin Anfang November 1854 gab es eine tatsächliche, wenn auch zufällige Begegnung mit Varnhagen: bei einem Spaziergang Unter den Linden, die George Eliot in ihren *Recollections of Berlin 1854–1855* folgendermaßen schilderte: „The following day was Sunday; the sun shone brightly and we went to walk in the Linden, elbowing our way among the *promeneurs endimanchés*, who looked remarkably smart and handsome after the Thuringians. We had not gone far when we met a nice-looking old gentleman with an order round his neck and a gold headed cane in his hand, who explained on seeing G. [George Henry Lewes], ‚Ist's möglich?' and then bid him heart-

George Eliot, Stich nach einem Gemälde von Frederic William Burton, 1865

Das Berliner Schauspielhaus am Gendarmenmarkt, Kupferstich von Johann Gabriel Friedrich Poppel, um 1850

ily welcome. I saw at once that it was the Varnhagen of whom I had heard so often. His niece, arrayed in smiles and a pink bonnet, was with him. In the evening G. went to Fräulein Solmar's who received him very kindly, and thus ended our first day of domestication in Berlin."

George Eliot besuchte Henriette Solmars Salon danach regelmäßig, ebenso auch den Salon bei Karl August Varnhagen, der die Tradition seiner verstorbenen Frau Rahel weiterführte. Es war die Nichte Varnhagens, Ludmilla Assing, die bei einem dieser Besuche George Eliot einen Band von Heine geliehen hat.

Diese geistige Begegnung mit Heine hatte Folgen: Aus dieser Lektüre entstanden nicht nur Besprechungen für *The Leader* und *The Saturday Review*, sondern vor allem und am wichtigsten der Aufsatz über Heine, „German Wit", den George Eliot 1856 für *The Westminster Review* geschrieben hat. Dieser geistreiche und tiefsinnige Aufsatz hat Heines Ruf in England etabliert, und das Geistreiche („wit") im Titel dominiert stilistisch und gedanklich so sehr, dass ein Kritiker den Heine-Ton als wichtige Quelle von George Eliots eigenem Witz und Humor zu erkennen glaubt. Später hat die Heine-Lektüre ihren Niederschlag in

George Henry Lewes, Holzschnitt, 1881   George Eliot, Holzschnitt, 1881

George Eliots Roman *Daniel Deronda* gefunden: Sie ist spürbar in den Heine-Zitaten der Kapitelüberschriften und noch deutlicher im Thema, in den Gestalten und besonders in der Gestaltung des Werkes.

Als sie 1854 zum ersten Mal nach Deutschland reiste, war ihr Name noch nicht George Eliot. Sie hieß Marian Evans, war 35 Jahre alt und arbeitete für *The Westminster Review*, eine fortschrittliche Zeitschrift, die 1824 von John Stuart Mill gegründet worden war. Im Jahr 1844 hatte sie *Das Leben Jesu* von David Friedrich Strauß übersetzt und 1846 veröffentlicht, und ihre Übertragung von Ludwig Feuerbachs *Das Wesen des Christentums* war kurz vor der Deutschlandreise erschienen. Von 1851 bis 1854 hatte sie im Hintergrund als eigentliche Herausgeberin vom *Westminster Review* gewirkt. Diese Tätigkeit wusste sie so unermüdlich, taktvoll und gescheit auszuüben, dass die Zeitschrift ins Zentrum des intellektuellen und kulturellen Lebens in London rückte. Romane hatte sie noch nicht geschrieben. Darin ähnelte sie Fontane, der in London weilte, während sie sich mit Lewes in Berlin aufhielt. Das Pseudonym George Eliot war noch nicht „geboren", denn die großartigen Romane *Adam Bede*, *The Mill on the Floss* (von Marcel Proust besonders hochgeschätzt), *Middlemarch* und *Daniel Deronda* waren noch nicht geschrieben.

Während ihres Aufenthalts mit Lewes in Weimar und Berlin war sie vor allem durch den Skandal bekannt, den sie mit gerade dieser Deutschlandreise verursachte. Denn als sie 1854 mit Lewes England verließ, wurde offensichtlich, dass sie gemeinsam mit ei-

DRAWING-ROOM IN WHICH GEORGE ELIOT'S RECEPTIONS WERE GIVEN, AT THE PRIORY.

George Eliots Empfangsraum in ihrem Londoner Haus „The Priory", Holzschnittillustration aus „Harper's New Monthly Magazine"

nem verheirateten Familienvater lebte, für den nach englischem Recht keine Scheidung möglich war. Von 1855 an lebte sie dann in England in aller Öffentlichkeit mit ihrem Lebensgefährten zusammen und nannte sich von nun an Marian Evans Lewes. Sie trat nun als die eigentliche Frau von George Henry Lewes auf, so wie sie zuvor die eigentliche Herausgeberin des *Westminster Review* gewesen war.

Anlass der Deutschlandreise waren Recherchen für die Goethe-Biographie, an der Lewes seit 1838 arbeitete und zu deren Vollendung George Eliot eigene und gemeinsame Recherchen, Lektüren und Übersetzungen beisteuerte. Das Besondere an dieser immer noch lesenswerten Biographie war die Einbeziehung von Zeitzeugen, denn Lewes beschränkte sich nicht wie andere Goethe-Biografen auf gedruckte Quellen, sondern besuchte Menschen, die Goethe noch persönlich gekannt hatten – zum Beispiel Ottilie von Goethe und Eckermann. Der sechs Monate dauernde Deutschlandaufenthalt war intensiver Lektüre jeglicher Art gewidmet. Nicht nur Goethes und Heines Werke wurden gelesen, sondern auch Shakespeare und Lessing, dessen „nicht deutscher" Stil George Eliot überraschte und erfreute. Viele Bücher – nicht nur literarische – hat George Eliot für den *Westminster Review* rezensiert. Zusätzlich arbeitete sie in dieser Zeit an einer Übersetzung von Spinoza, die erst posthum veröffentlicht worden ist.

Sie ging mit Lewes regelmäßig ins Theater und ins Museum. Es war ein reges und glückliches intellektuelles Leben voller Geselligkeit, das sich aus der genauen Buchführung der beiden in ihren Tagebüchern und durch George Eliots oben zitierte *Recollections of Berlin* und die vorangegangenen *Recollections of Weimar* genau rekonstruieren lässt. An Deutschland schätzten sie nicht nur die intellektuellen und kulturellen Anregungen, sondern auch die niedrigeren Lebenskosten; und vor allem: die größere Toleranz gegenüber Paaren, die eine nicht gesetzliche Ehe führten. In Weimar, im Haus Altenburg, waren Marian Evans und George Henry Lewes gern gesehene Gäste Franz Liszts und seiner Lebensgefährtin, der Prinzessin Caroline zu Sayn-Wittgenstein; und in Berlin trafen sie oft Fanny Lewald und Adolph Stahr, die jahrelang zusammenlebten und erst wenige Wochen vor der Ankunft George Eliots in Berlin, im Oktober 1854, nach der Scheidung Stahrs geheiratet hatten.

Für den Rest ihres Lebens reisten George Eliot und George Henry Lewes immer wieder nach Deutschland, sowohl zur Erholung nach der Veröffentlichung eines Romans als auch zur Forschung für neue Werke. Ihre Bücher waren so erfolgreich, auch finanziell, dass sie sich nicht nur Reisen, sondern 1863 auch den Kauf eines Hauses, *The Priory*, erlauben konnten. Dort haben sie sonntags ihren eigenen Salon geführt. Sicherlich haben Anregungen und innere Beziehungen zu den Salons fortgedauert, die sie bei ihrer ersten Deutschlandreise in Weimar und Berlin kennengelernt hatten: zu den wirklichen der Varnhagen und Henriette Solmar – und zu dem virtuellen bei und mit Heinrich Heine.

Literatur

Essays of George Eliot, hg. von Thomas Pinney, London, 1963.

The George Eliot Letters, hg. von Gordon Haight, 9 Bde., New Haven und London 1954–1978.

The Journals of George Eliot, hg. von Margaret Harris und Judith Johnston, Cambridge 1998.

Oxford Reader's Companion to George Eliot, hg. von John Rignall, Oxford und New York 2000.

Rosemary Ashton: G.H. Lewes. A Life, Oxford 1991.

Gordon S. Haight: George Eliot. A Biography, New York und Oxford 1968.

Avrom Fleishman: George Eliot's Intellectual Life, Cambridge 2010.

Gerlinde Röder-Bolton: George Eliot in Germany 1854–55: "Cherished Memories", Vermont 2006.

Anne Stähr

GROUPIE, MUSE, LITERATIN?
Elise Krinitz oder ein Frauenleben als Maskerade

Eine Beschäftigung mit der Frage, wer Elise Krinitz war, führt schon nach kurzer Zeit zu den Fragen, wer sie *nicht* war und vor allem, wer sie sein wollte. Ihr Spiel mit ihrer eigenen Identität prägte ihr gesamtes Leben von frühester Kindheit an. Eigentlich auf den Namen Johanna Christiana getauft, wurde sie wenige Wochen nach ihrer Geburt im Zuge einer Adoption umbenannt und hieß nun Elise Krinitz. Dies war der Ausgangspunkt einer biografischen Maskerade, die unfreiwillig begann, von ihr jedoch im Laufe ihres Lebens zunehmend aktiv betrieben und bewusst inszeniert wurde, bis hin zu einem falschen Eintrag in ihrer Sterbeurkunde, wo die nachweislich in Sachsen Geborene als „née en Hongrie" bezeichnet wird.[1]

Heute ist Elise Krinitz den meisten, wenn überhaupt, geläufig als die „letzte Liebe" Heinrich Heines. Für ihn, der den Frauen seines Umfelds gerne neue Namen gab, war sie seine „Mouche", da sie ihre Briefe mit dem Bild einer Fliege siegelte. Dass sie, die selber literarische und publizistische Ambitionen hatte, sich in die Erinnerung der Moderne nur einschreiben konnte, indem sie als (platonische) Geliebte eines männlichen Künstlers auftrat, ist sicher zum einen dem Geschlechterdiskurs des 19. Jahrhunderts zuzuschreiben. Sie selbst jedoch hat zu diesem Umstand nicht unwesentlich beigetragen, da sie mehrfach die Nähe zu intellektuellen Männern der Literaturszene suchte und ihre Kontakte dann ganz explizit für ihren Bekanntheitsgrad nutzte. Die Heine-Forschung hat Elise Krinitz demnach auch des Öfteren als berechnendes Groupie abgetan oder doch angedeutet, dass sich ihr literarisches Talent eher asymmetrisch zu dem für Männerbekanntschaften verhielt. Besser und sachlicher trifft wohl

Phantasieporträt der Elise Krinitz („Mouche") mit Widmungsgedicht. Gemälde, Öl auf Leinwand

Alfred Meißner, Graphik von Adolf Neumann, 1867

lager, von dem er bis zu seinem Tod 1856 nicht mehr aufstehen wird. Die ungewöhnliche Freundschaft zwischen Heine und Elise Krinitz beginnt wiederum nebulös. Hatte sie selbst die Initiative ergriffen und dem Dichter unter dem Pseudonym „Margareth" geschrieben oder, wie sie selbst es in den Memoiren darstellt, ihn durch Zufall kennengelernt, als sie ihm ein Päckchen Noten eines gemeinsamen Bekannten zustellte? Die Beziehung jedenfalls wird geknüpft und entgegen aller gesellschaftlichen Konvention oder auch nur Wahrscheinlichkeit mehrere Monate fortgeführt. Die Zeichen dafür stehen eigentlich denkbar schlecht: Elise Krinitz ist mehr als fünfundzwanzig Jahre jünger als Heine. Dieser ist außerdem verheiratet mit „Mathilde" Mirat, liegt meistens bewegungsunfähig im Bett und ist todkrank. Elise Krinitz wiederum wird von Zeitgenossen als nicht besonders attraktiv beschrieben, ein erhalten gebliebenes Bild zeigt sie als etwas biedere Frau mit strengen Gesichtszügen. Dennoch kommt es zu einer intensiven und emotional stark aufgeladenen Verbindung zwischen den beiden. Heines Briefe an die Freundin sind in ihrem Ton unverkennbar gefühlvoll und voller unverstellter Sehnsucht nach einem Wiedersehen. Damit sind sie im Vergleich zu seiner sonstigen Korrespondenz singulär. Trotzdem wird ihr Äußeres vom Dichter meistens wenig enthusiastisch beschrieben, wenn Heine sich sein „Schwabengesicht"[5] herbeiwünscht und behauptet, sie sei „nicht so dumm, wie du aussiehst". Lediglich ihre „Zierlichkeit" wird als einziger äußerer Vorzug herausgestellt, ansonsten scheint es vor allem „die Anmuth deines Geistes" zu sein, die Heines immer wieder erklärte Liebe zur „Mouche" befeuert. So ungestüm zärtlich und voller explizit körperlicher Liebesbekundungen die Beziehung in Heines Briefen gespiegelt wird, so unkörperlich muss sie wohl im realen Leben geblieben sein. Heine reflektiert dies auch selbst recht unverblümt in einem Brief, worin er sich danach sehnt, noch ein Mann und nicht mehr „nur ein Geist" zu sein, um seine sexuellen Wünsche in die Tat umsetzen zu können. So haftet auch der Beziehung zwischen Elise Krinitz und Heinrich Heine ein Gefühl des Fiktiven an, eine Liebe, die nur in der

Heine und Mathilde, Gemälde von Benedikt Kietz, Öl auf Leinwand, 1851

Dichtung, nicht jedoch in der Wahrheit gelebt werden kann und damit nur folgerichtig für das weitgehend inszenierte Leben dieser Frau erscheint.

Elise Krinitz selbst hat die Beziehung zu Heine zwar später in vielerlei Hinsicht nutzen können, ihren Charakter jedoch im Nachhinein viel trockener wirken lassen. Schon in den vier erhalten gebliebenen Briefen an ihn äußert sie sich zurückhaltender. Sie stilisiert ihre Rolle in Heines Leben mehr als Muse denn als Geliebte und betont in ihren Memoiren stärker die geistige Verbundenheit als die zwischen zwei Liebhabern, welche aus Heines Briefen dagegen ganz klar hervorsticht. Auch die Gedichte aus seinem Nachlass, die er offenbar inspiriert von Elise Krinitz geschrieben hat, sind klar romantischer, teils erotischer Natur, thematisieren jedoch auch immer wieder die unerfüllte körperliche Sehnsucht. Dies geschieht teils lyrisch verbrämt: „Die Lotosblume erschließet / Ihr Kelchlein im Mondenlicht, / Doch statt des befruchtenden Lebens / Empfängt sie nur ein Gedicht."[6]

Heinrich Heine in einer Phantasiedarstellung mit Elise Krinitz., Holzschnitt nach Heinrich Lefler, um 1890

An anderer Stelle heißt es wieder sehr plastisch-ironisch: „Worte! Worte! keine Taten! / Niemals Fleisch, geliebte Puppe, / Immer Geist und keinen Braten, / keine Knödel in der Suppe!" Mag der Stil der Gedichte auch wechseln, unverändert ist der Tenor des sehnsüchtigen Wartens auf den Besuch der Freundin, welches manchmal fast zur Qual wird, so dass sich das Ich der Gedichte mit „glühnden Zangen" gekniffen fühlt, weil die „kleine Hexe" oder die „Lotosblume" doch nicht, wie erhofft, am Nachmittag an seinem Krankenbett vorstellig geworden ist. Das Objekt der Begierde jedoch will ihre Freundschaft mit Heine nach dessen Tod im Februar 1856 als seriös und weniger kompromittierend verstanden wissen, vielleicht auch deswegen, weil sie inzwischen erneut eine Verbindung zu Meißner zu knüpfen versucht. Dieser Versuch hat scheinbar mehr Erfolg als der erste, allerdings ist dies wohl vor allem dem Umstand zuzuschreiben, dass Meißner für seine geplanten *Erinnerungen an Heinrich Heine* Material von Elise Krinitz erhält.

Hippolyte Taine, um 1870

*

Im Jahr 1857 wurde die Beziehung zwischen Alfred Meißner und Elise Krinitz endgültig abgebrochen. Sie begann eine langfristige Verbindung mit Hippolyte Taine und nahm nun erst ernsthaft und vor allem erstmals erfolgreich ihre Karriere als Publizistin in die Hand. Nach Heines Tod, so liest man in ihren Memoiren, habe sie ihre „inutilité", ihre Nutzlosigkeit, vor Augen gehabt.[7] Daraufhin veröffentlichte sie, nun unter dem Pseudonym Camille Selden, eine Reihe von Büchern sowie mehrere Bände mit Essays und Novellen. Wieder entschied sie sich für eine neue Identität, indem sie einen Künstlernamen wählte, der außerdem – ganz der Zeitmode gemäß – sowohl männlich als auch weiblich gelesen werden konnte. Dem mag einerseits eine pragmatische Motivation zugrunde gelegen haben, da der europäische Buchmarkt des 19. Jahrhunderts männliche Autoren bevorzugte. Weibliche Autorinnen hatten es oft schwer, ernst genommen zu werden, und waren in ihrem Schreiben vielfach von Männern abhängig. Heine selbst hat Schriftstellerinnen einmal dergestalt abgekanzelt, dass sie beim Schreiben „ein Auge auf das Papier und das andre auf einen Mann gerichtet"[8] hätten. Andererseits ist hier wohl auch erneut Elise Krinitz' Tendenz zur Verschleierung und Fiktionalisierung ihrer Biographie wirksam geworden. Wieder einmal hat sie einen Grund, sich hinter einem Pseudonym, einem neuen Ich zu verstecken, und ergreift diese Möglichkeit bereitwillig,[9] wobei sie nun ein hohes Maß an Produktivität zeigt. Sie veröffentlicht während ihrer Beziehung mit Taine drei Bücher, 1862 einen Roman mit dem Titel *Daniel Vlady*, eine fiktive Biographie eines Musikers, drei Jahre später eine Sammlung von Essays über zeitgenössische Schriftstellerinnen mit dem Titel *L'esprit des femmes de notre temps* und schließlich *La musique en Allemagne. Mendelssohn*, erschienen 1867. Hierbei kommen ihr sowohl ihre musikalischen Kenntnisse als auch ihre deutsche Herkunft zugute. Der Erfolg dieser Veröffentlichungen ist natürlich auch das Resultat der lobenden Besprechungen von Taine. Beachtenswert ist in Bezug auf ihre Publikationen das breit gefächerte Themenspektrum, da sie neben diesen Texten zum Kulturbetrieb und zur Emanzipation von Künstlerinnen der Romantik zum Beispiel auch einen Band namens „En route" verfasst, in dem sie versucht, Heines Genre der modernen Reiseliteratur fortzuführen – alles sehr erfolgreich. Auch eine Goethe-Übersetzung der *Wahlverwandtschaften* gehört zu ihrem Werk aus dieser Zeit.

Nach dem Ende der Beziehung zu Taine 1868 – er trennte sich von ihr und heiratete eine Mademoiselle Denuelle – zog sich Elise Krinitz alias Camille Selden aus dem kulturellen Leben zurück. Sie schrieb jedoch weiter und veröffentlichte 1884 ihre Erinnerungen an Heinrich Heine, *H. Heines letzte Tage*. Diese erschienen in drei Sprachen und wurden ihr

Camilla Selden, Heinrich Heine's letzte Tage, Jena 1884

erfolgreichstes Buch, das international viel Aufmerksamkeit erregte. Ihre *Mémoires de la Mouche* dagegen, die im selben Jahr erschienen, konnten an diesen Erfolg nicht anknüpfen. Dies mochte vor allem dem Umstand geschuldet sein, dass sie selbst nicht im Mittelpunkt des öffentlichen Interesses stand und eine Autobiographie daher – anders als ein Text über den berühmten verstorbenen Dichter Heine – kein allzu großes Publikum fand. Elise Krinitz lebte inzwischen auch nicht mehr in Paris, sondern ganz zurückgezogen in Rouen, was ihre Dezentralisierung verstärkte. Durch die Vermittlung des Konservators des Louvre, Louis de Ronchaud, hatte

Der Louvre, Graphik von Charles Fichot, um 1850

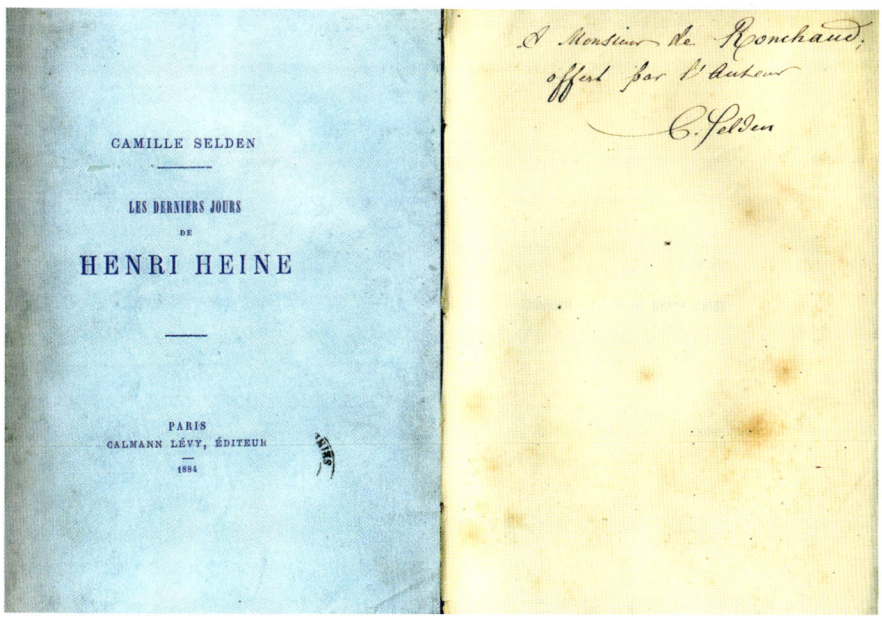

Les derniers jours de Heinrich Heine, Ausgabe mit eigenhändiger Widmung an Louis de Ronchaud von Camille Selden, 1884

Joseph A. Kruse

KAISERIN ELISABETH VON ÖSTERREICH

Heines royale Verehrerin

1

Man kann die Bezeichnung „Heine-Zeit" durchaus als Signatur für das komplette 19. Jahrhundert begreifen. Zunächst gilt die Wortfügung für die real oder biografisch mit ihm persönlich verknüpften gut ersten fünfzig Jahre bis zu seinem Tod am 17. Februar 1856 in Paris. Zusätzlich aber darf sie für die zweite Hälfte in Bezug auf einen großen Teil seiner öffentlichen Wirkung und im Blick auf den äußerst umstrittenen Nachruhm und einen spektakulären Einsatz seiner royalen Verehrerin Elisabeth in Anspruch genommen werden. Diese damals publizistisch spürbare, kontrovers diskutierte und sehr persönliche Fürsorge oder Nähe der Kaiserin zu Heine, auch außerhalb der Denkmalaffäre von 1887/88, fand erst nach einem Privatbesuch bei der Baronin Julie Rothschild durch das tödliche Attentat am 10. September 1898 in Genf ein abruptes Ende.

Elisabeth war Heiligabend 1837, also zu Zeiten des Höhepunkts von Heines deutsch-französischem Schaffen, geboren worden. Im Frühjahr 1854, als es für den Dichter in seiner berühmt-elenden „Matratzengruft" ans Sterben ging und sie ihrerseits den Jungmädchenjahren keineswegs entwachsen war, stieg sie durch die Ehe mit ihrem Cousin Franz Joseph aus dem Hause Habsburg zur jugendlichen Kaiserin von Österreich auf. Sie hat sich, je älter, eigenständiger, eigensinniger oder eigenartiger sie wurde, einige Zeit nach dem Tode des Dichters zu einer absoluten Anhängerin, ja wahren Wiedergängerin Heines entwickelt. Er war für sie der Dichter, der, wie sie bekannte, eben nicht auf dem Sockel stand, sondern, „alle Scheinheiligkeit" verachtend, ganz jener blieb, der er war, „mit allen

Kaiserin Elisabeth von Österreich, Fotografie, 1865

Heines Grab in Paris

die eigenen Verse mit unverwechselbaren Anklängen an seinen Ton wie seine Themen „diktierte" und dem sie als treue „Jüngerin" anhing. Insgesamt sind drei Gedichtbände, die beiden ersten mit ihrem schon bei der Titelwahl greifbaren Heine-Bezug sogar in Gestalt von Privatdrucken, in der Abfolge *Nordsee Lieder*, *Winterlieder* und *Drittes Buch* entstanden. In der großformatigen *Gesamtausgabe* umfassen die etwa 250 Gedichte gut 340 Druckseiten.

Auf die Nähe und Abhängigkeit zu Heine hat Brigitte Hamann in faszinierender Weise und mit großer editorischer Hingabe seit Jahrzehnten aufmerksam gemacht. Die beiden tragischen Gestalten im Fin de siècle der Habsburger Monarchie, Kronprinz Rudolf und seine ihm teilweise fremde, längst zum Mythos gewordene Mutter Elisabeth, waren unabhängig voneinander in erstaunlicher Verehrung für den als Juden geschmähten Dichter Heinrich Heine vereint.

Dass der literarische Nachlass der Kaiserin im Schweizer Bundesarchiv landete, spricht Bände hinsichtlich eines erstaunlichen, ja republikanischen Freiheitsdrangs wie für das offenbar politisch verursachte familiäre Misstrauen Elisabeths. Der Standort legt zugleich ein postumes Zeugnis ab über ihre oft als skandalös empfundenen inneren wie äußeren Fluchtbewegungen. Ihren Grund hatten sie vor allem im Abscheu vor dem Zwang durch offizielle Repräsentationspflichten vonseiten der Hofburg. Zweifellos gründete solche Verweigerung nicht nur in einer

menschlichen Eigenschaften und allen menschlichen Fehlern".

2

Die „Kaiserin wider Willen" fand, zumal in den 1880er-Jahren, gerade in Heine ihren wahren „Meister", der ihr modernen demokratischen Einsicht (die sie mit ihrer Schriftsteller-Freundin, der Königin Elisabeth von Rumänien geb. Prinzessin Wied, teilte, die unter dem Künstlernamen Carmen Sylva im Gegensatz zur Kaiserin während jener Zeit durchaus publizieren konnte), sondern bestand auch in einem Gutteil aus luxuriöser Selbstverliebtheit und gleichzeitig die Einsamkeit suchender Menschenscheu.

3

Unter allen Frauen seiner Zeit und Gefolgschaft jedenfalls hat ihre verehrungsvolle Liebe zu Heine die größten und nachhaltigsten Folgen gezeitigt. Die Denkmalsgeschichte Heines in jedem Sinne ist ohne ihr Engagement überhaupt nicht möglich gewesen oder nur durch ihre ausdrücklichen Vorlieben zu begreifen. Die kaiserliche Wirkungsgeschichte beginnt bei der Errichtung verschiedener Monumente, die nach einigen Irrwegen heute in der weiten Welt verstreut stehen: Der Loreleybrunnen von Ernst Herter hat seinen Platz statt in Düsseldorf seit mehr als einem Jahrhundert in der Bronx von New York gefunden; die Sitzfigur des kranken Dichters von Louis Hasselriis war nach ihrer Station im kaiserlichen Achilleion auf Korfu bald darauf als Eigentum der Familie Campe bis zur nationalsozialistischen Zeit in Hamburg zu finden und thront nunmehr seit sechzig Jahren im Jardin Frédéric Mistral von Toulon in Südfrankreich; sogar die Grabstele mit der Heinebüste von Hasselriis auf dem Pariser Montmartre-Friedhof stellt sozusagen einen anonymen Hinweis auf das vorangegangene Eintreten der Kaiserin für eine gerechte Anerkennung des Dichters dar.

Elisabeths indirekter Einfluss auf die Wirkungsgeschichte geht allerdings noch weiter. Er erstreckt sich durch die mehr als sinnvolle Verwendung der Gelder aus dem Denkmalsfonds aufgrund jenes verhinderten Düsseldorfer Heine-Brunnens bis zur dadurch möglichen Schaffung des Heine-Archivs in Düsseldorf, was seitdem immerhin den Hort der internationalen Heine-Forschung darstellt. Man könnte pathetisch sagen: der Geist Elisabeths schwebt seit jeher über den Entfaltungen solch identifikatorischer Anfänge.

4

Eigentlich beginnt mit dem Satz „der Kurfürst läßt sich bedanken!" aus Heines frühem autobiografischem Reisebild *Ideen. Das Buch Le Grand* von 1826, in dem ein Weltuntergangs-Traum evoziert wird, die sozusagen poetische Beziehung des Dichters zu Elisabeth Herzogin in Bayern und ihrem Wittelsbacher Hause. Es ist nämlich von ihrem Großvater mütterlicherseits namens Maximilian Joseph Kurfürst von Pfalz-Zweibrücken die Rede, dessen in der Düsseldorfer Erinnerung an die Abdankung vom 15. März 1806 gedacht wird. Dieser war wegen der napoleonischen Neuordnung des

Joseph A. Kruse

Das Heine-Denkmal von Louis Hasselriis im Garten des Achilleion bei Gastouri auf Korfu, Gemälde, Öl auf Leinwand, um 1900

Rheinlandes und der Vergabe der Residenzstadt samt zugehörigem Bergischem Land an Joachim Murat, den Schwager des französischen Kaisers und nunmehr Großherzog von Berg, seinerseits 1806 König von Bayern geworden. Düsseldorf gelangte nach dem Wiener Kongress zu Preußen.

Er hatte die Nachfolge seines Verwandten, des Kurfürsten Carl Theodor bereits am Ende des 18. Jahrhunderts angetreten. Im Zuge der Säkularisierung avancierte die vorher dem hl. Antonius geweihte Kirche des aufgelösten Franziskanerklosters jetzt als Reverenz vor dem fürstlichen Namenspatron zur Pfarrkirche St. Maximilian und erinnert somit bis zum heutigen Tag an die vormaligen rheinisch-bayerischen Verhältnisse. In den ehemaligen Klosterräumen hat der kleine Harry Heine, neben seinen Brüdern einziger Schüler israelitischer Religion, die Volksschule und das Lyceum besucht. Heines Vater Samson hatte als guter Geschäftsmann beim Abzug der berühmten Düsseldorfer Gemäldesammlung nach München, wo sie zum Grundbestand der Alten Pinakothek gehört, die Rahmen zu erwerben versucht, was ihm nicht gelang.

5

Das Erbe des Vorgängers Carl Theodor, der in Mannheim und Schwetzingen residierte, seiner kleinen niederrheinischen Residenzstadt unter anderem aber wenigstens Schloss Benrath und die kurfürstliche öffentliche Bibliothek im alten Stadtschloss am Burgplatz beschert hatte, geht gewissermaßen der Fürsorge Elisabeths für ihren Lieblingsdichter voraus. Solcherlei familiäre Standeshistorie, in die wir die Beziehung Heines und Elisabeths einzubetten haben, übertraf einfach die privaten Möglichkeiten schlichter, somit auch einflussloser Menschen und zeitigt Nachwirkungen bis in die Rezeptionsgeschichte ihrer künstlerischen Untertanen, wie in diesem Falle eines zum weltberühmten Dichter aufgestiegenen Außenseiters.

Die Düsseldorfer kurfürstliche öffentliche Bibliothek, die der junge Heine benutzt hat, bestand von 1770 bis 1970, wenn auch unter verschiedenen Namen, zuletzt als Landes- und Stadtbibliothek Düsseldorf, und nahm genau hundert Jahre nach der besagten Abdankung Maximilian Josephs den Grundstock des Heine-Archivs als Folge des durch massiven politischen Widerspruch gescheiterten Denkmalplans der Kaiserin Elisabeth auf. Der Denkmalfonds, der für die adäquate Errichtung des gestifteten Loreleybrunnens durch die politisch teilweise unbedarfte, jedoch vor allem individuell, aufgeklärt und poetisch begeisterte Kaiserin ins Leben gerufen worden war und der die folgenden etwa zwei Jahrzehnte überstanden hatte, wurde – was nicht oft genug betont werden kann – zugunsten der Bibliothek und von deren Heine-Andenken für eine große Leipziger Heine-Büchersammlung ausgegeben, so dass Elisabeth gewissermaßen den

Kaiserin Elisabeth im Park von Biebrich bei Wiesbaden, Holzschnitt nach einer Skizze von Ferdinand Lindner, 1870

Start zu Heine-Forschung wie Heine-Dokumentation ermöglicht und auf diese Weise eine besondere Form der speziellen Archiv-, Bibliotheks- und Museums-Geschichte geschrieben hat.

Dieses Heine-Archiv wurde samt der Neueren Handschriftenabteilung der alten, an die neugegründete Universität Düsseldorf und somit an das Land Nordrhein-Westfalen übertragene Bibliothek zeitgleich als Heinrich-Heine-Institut unter der Obhut der Stadt Düsseldorf verselbständigt. Seit 1970 konnte es sich somit umso mehr gerade auch für Heine entfalten und einsetzen. Dass die Benennung der Universität Düsseldorf nach endlosen Querelen sowie weltweit geführten Diskussionen zur Feier der 700-jährigen Stadtgründung im Jahre 1988 endlich doch erfolgte, kann durchaus als später Erfolg einer sich zum Glück durchsetzenden liberalen Heine-Verehrung gewertet werden. Diese liberale Heine-Verehrung, die jahrelang ewig gleiche Argumente abzuwehren hatte, war letztlich durch die Kaiserin von Österreich und Königin von Ungarn gegen viele Widerstände und Rückschläge begründet worden.

6

Heines kindliches Weltuntergangsszenario aufgrund der unter Napoleon gewandelten politischen Verhältnisse mit dem vom Himmel genommenen Mond aus Düsseldorf klingt so traurig wie es fast das gesamte Wiener Leben der rastlosen, zeitweise schwer kränkelnden und melancholischen Kaiserin war. Ausbrüche aus diesem täglichen Einerlei waren die Auslandsaufenthalte aus Gesundheitsgründen, die sie mit Ausnahme Korfus, jedoch auch eher als unbefriedigend und langweilig empfand. Wenn es sich nicht um Reisen handelte, bei dem sie sich fanatisch dem Reitsport hingeben konnte oder die ihr geliebtes Ungarn zum Ziel hatten, versuchte sie sich diesen Unternehmungen, die ihr angeheiratetes Amt mit sich brachte – in einer Odyssee durchstreifte sie die Welt bis nach Ägypten – bis zu ihrer Ermordung in Genf weitestgehend zu entziehen.

Also lag eine als Trauma empfundene Trennung vom in jedem Sinn der Natur ergebenen wie der Empfindung nach völlig freien Leben der Prinzessin auf Schloss Possenhofen am Starnberger See dem Verlauf einer späteren, sehr intensiven Gemeinsamkeit und Nähe zum unangepassten Dichter Heine vonseiten der Kaiserin zugrunde, wie sie nicht größer hätten sein können. Heine hätte die liberalen und individuellen Grundzüge der drei

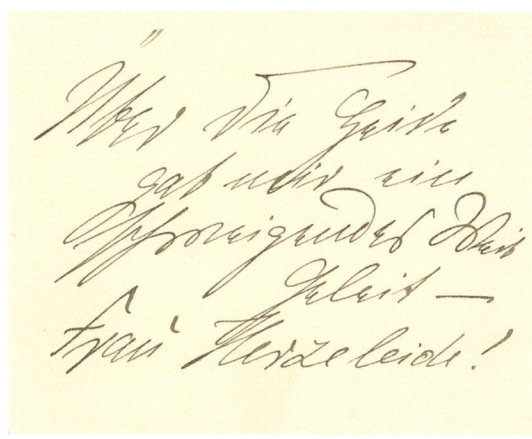

Lesezeichen der Kaiserin Elisabeth, Notizzettel mit eigenhändiger Abschrift

Jahrzehnte lang überragenden Schönheit Elisabeth samt ihrer braunen, fast bis zu den Fußknöcheln reichenden Haarpracht und allen möglichen Überspanntheiten wie Skurrilitäten möglicherweise zu schätzen gewusst. Und zwar in der Art, wie er die Narreteien seiner Umgebung einschließlich seiner eigenen Person als Lebens- und Darstellungselixier sich anzueignen gewöhnt war.

Ihre Unabhängigkeitsbemühungen waren nicht ohne Standesdünkel, aber wenigstens selbstbewusst und originell. Nur wenige Zeitgenossen besaßen wie sie jenen unbefangenen Sinn für jüdische Künstler und Wissenschaftler. Immerhin besaß sie eine von ihr geschätzte jüdische Schwägerin, Henriette Mendel, Frau ihres ältesten Bruders Ludwig Wilhelm, die Schauspielerin gewesen war. Deren Tochter, Elisabeths Nichte Marie Freiin Wallersee, spätere Gräfin Larisch, wurde von ihr allen anderen vorgezogen, ja geradezu vergöttert. Das allerdings nur bis zu dem Zeitpunkt der Selbstmordtragödie ihres mit der Kusine ebenfalls sehr vertrauten Sohnes, des Thronfolgers Rudolf, Ende Januar 1889 in Mayerling.

Heine selbst war von November 1827 bis Mitte 1828 in München, wo Sisi ein Jahrzehnt später am Heiligabend des Jahres 1837 als Prinzessin einer nicht regierenden Linie der Wittelsbacher geboren wurde, für ein halbes Jahr als Redakteur des Cotta-Verlages tätig gewesen, während sein Leben ansonsten vom Bild des freien Schriftstellers geprägt wurde. Er hatte dort sogar dem 18-jährigen Abiturienten Robert Schumann die Metropole an der Isar sachkundig gezeigt und war dann von München aus zu seiner Italienreise aufgebrochen, der er drei bedeutende Titel innerhalb der erfolgreichen *Reisebilder* gewidmet hat. Wie seine Mutter Elisabeth war, wie gesagt, auch Kronprinz Rudolf ohne deren Wissen dem heineschen Werk verpflichtet und hat übrigens seinerseits titelgleiche *Reisebilder* verfasst.

7

Am 23. Dezember 1837, dem Tag vor jenem Heiligabend, an dem Elisabeth im Palais ihrer Eltern, des Herzogpaares Max und Ludovika in Bayern als Kind unter später sieben ehelichen Geschwistern (und bei Kenntnis etlicher unehelichen, für die ihr lebenslustiger Vater verantwortlich war) ge-

Julius Campe, Stahlstich von Weger, 1868

boren wurde, brachte Heine wegen mehrtägigen Unwohlseins den Brief an seinen Hamburger Verleger Julius Campe vom 19. Dezember, in dem er ironisch auf den Plan eines Lyrikpreises, den der Verleger verleihen wollte, reagiert hatte, zum Abschluss. Er hatte dort geschrieben: „Ueber Ihre goldne Federgeschichte hab ich sehr gelacht! Die lyrische Poesie hat ein Ende, und Sie, lieber Campe, werden sie nicht wieder auf die Beine bringen –

Der Sangesvogel, der ist todt,
Du wirst ihn nicht erwecken!
Du kannst Dir ruhig in den Steiß
Die goldne Feder stecken."

Diese Prognose hat weder bei ihm selber anti-lyrische Folgen gezeigt, noch vor allem auf die vielen Gedichte der unermüdlich als Poetin sich betrachtenden Kaiserin irgendeinen

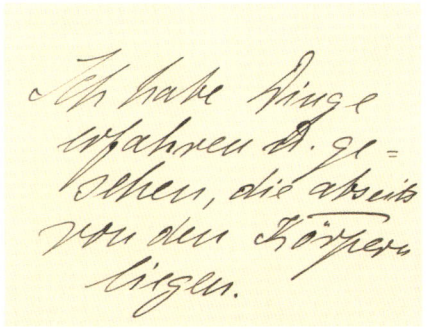

Lesezeichen der Kaiserin Elisabeth, Notizzettel mit eigenhändiger Abschrift

Einfluss ausgeübt. Im Gegenteil, sie benötigte ihr geheimes poetisches Tagebuch wie die Luft zum Atmen und den Sport für ihren Schlankheitswahn. Dabei sei zu ihrer verdienten Rechtfertigung gesagt, dass die kaiserlichen Verse nicht unbedingt schlechter waren als viele gleichzeitig geschriebenen und rezipierten, inzwischen längst vergessenen Erzeugnisse von damals durchaus anerkannten Lyrikerinnen und Lyrikern.

Wohl aber wurde Heines im selben Brief nach der Schreibpause geäußerter Wunsch nach einer Gesamtausgabe, die erst fünf Jahre nach seinem Tod seit 1861 bis 1866 und in Supplementbänden von 1869 und 1884 mit anschließenden Nachauflagen in gut 20 Bänden bei Hoffmann und Campe herauskam, für den späteren Lesebedarf der Kaiserin von praktischem Interesse, indem sie gleich mehrere Heine-Ausgaben ihr eigen nannte, eifrig darin las, vieles daraus auswendig wusste und sich zu einer anerkannten Heine-Kennerin entwickelte.

Der Verleger war Ende 1837 allerdings durchaus nicht sein eigener Herr. Er musste darauf Rücksicht nehmen, wie August Lewald, Schauspieler, Schriftsteller, Redakteur und Vetter des Vaters der ebenfalls mit dem Dichter befreundeten Fanny Lewald am 24. Dezember 1837 nach Paris schrieb, dass Heines Name „in Preußen noch immer streng verboten" war. Und auch wenn Campe in seiner Antwort an Heine vom 31. Dezember 1837 Lewald spöttisch „Comödiant" nannte: „im Leben wie in der Literatur", so war an der Sache selbst nichts zu ändern. So nämlich sah die Situation aus, als Elisabeth in eine Welt hineingeboren wurde, die weitgehend nur im eigenen verworrenen und freien Haushalt Possenhofens von Standesrücksichten und familiären Unterdrückungsmechanismen, aber auch von klerikalen Einschränkungen relativ frei blieb. Diese bayrische Heimat mit ihren Wäldern und Seen, aber auch unter Einschluss der familiären Ungebundenheit war noch für lange Abstecher von Wien aus der Hort von Unbefangenheit wie Verweigerung jeglicher Standespflichten.

8

Zwei Tage bevor die zurückhaltend ländliche 16-jährige Elisabeth, die im Schnelldurchgang durch sprachliche und historische Studien auf ihren unverhofften allerhöchsten Beruf vorbereitet worden war, am 24. April 1854 in der Augustinerkirche zu Wien mit unermesslichem Prunk Kaiser Franz Joseph heiratete, heißt es im Brief des bereits todkranken Heine an seinen Verleger Campe, er wolle an der fehlenden Masse seiner drei Bände der *Vermischten Schriften* arbeiten: „freymüthig, furchtlos. Es treibt mich fertig zu werden und daß ich dann auch etwas für den kranken, sehr leidenden Leib thun kann." Er wolle den Verleger „überzufrieden" stellen; sein „Heroismus" sei „Gott weiß" groß.

Auch wenn das Äußere nicht dafür sprach: von Leiden war für Elisabeth unweigerlich, gewiss auch aufgrund eigener Schuld und trotz oder vielleicht auch gerade wegen ihrer enormen Begabungen der weitere Lebensweg überschattet. Denn so sentimental die Ehe des jungen kaiserlichen Paares in der Öffentlichkeit bis in die heutige Zeit rezipiert wird, so schwierig war sie für die Kaiserin, die anfangs unter der Fuchtel ihrer Schwiegermutter und Tante Sophie stand. Diese übernahm die Aufzucht der ersten drei Kinder, der mit zwei Jahren gestorbenen ältesten Tochter Sophie, der zweiten Tochter Gisela und des Kronprinzen Rudolf. Ihn vermochte die Mutter als empfindsames und ihr so ähnliches Kind wenigstens aus der Hand eines grausamen soldatischen Erziehers zu retten. Erst die während des ungarischen Höhepunktes geborene Tochter Marie Valerie wurde sozusagen zur „Einzigen", eine von ihr selber übermäßig betreute Tochter. Dabei glich diese in allem viel mehr dem liebenswürdig einfachen und pflichtbewusst frommen Vater als der exzentrischen Mutter. Also war, um auf Heines Bemerkung anzuspielen, bei Sisi durchaus auch in allen Ehejahren ein Heroismus vonnöten, der ihr freilich mindestens so fraglich erschien wie dem Dichter gelegentlich der seinige.

Sisis Vorlieben für die Philosophie Schopenhauers oder die Dichtung Heines wie überhaupt für Literatur, ihre systematische Pflege von Sprachen wie das Englische mit besonderer Bewunderung Shakespeares, das Ungarische und Neugriechische, aber auch der Sinn für das klassische Altertum und die Epen Homers, das Interesse an Spiritismus (so glaubte sie felsenfest an eine Heine-Begegnung), an Sport, Wanderungen und die Sucht zu unablässigen Reisen, die auch der Bildung dienten, waren Stationen in einem Prozess von gegenläufiger Selbstverwirklichung, jedenfalls was das Hofleben betraf. So entsprach sie in vielem ihrem vertrauten und verwandten König Ludwig II. von Bayern, dessen Freitod im Juni 1886 sie ähnlich erschütterte wie der ihres Sohnes Rudolf zweieinhalb Jahre später.

Besonders Elisabeths kulturell-literarische Exkursionen in mancherlei Sinn wurden von dem sie trotz eigener bürgerlich wirkender erotischer Eskapaden immer bewundernd verehrenden, ja herzlich liebenden Kaiser wegen der ihm weltanschaulichen Fremdheit als „Wolkenkraxeleien" angesehen. Sämtliche Probleme wurden von der Kaiserin ihrerseits in oft genug ironisch-sarkastischer Weise durch die Reimkunst zu verarbeiten versucht. Heine war und blieb dabei ihr Vorbild, ihre Bezugsperson und ihr „Meister", der ihren Sinn schulte und ihr die Feder führte. Carmen Sylva urteilte verständnisvoll über die Heine-Liebe der Kaiserin: In ihm habe sie die „Verachtung aller Äußerlichkeiten" gefunden, die „Bitterkeit" ihres eigenen Schicksals und den „Schalk", der ihr selbst im Nacken gesessen und ihr „so originelle und überraschende Äußerungen" entlockt habe. Im siebenstrophigen Gedicht *An meinen Meister* lautet denn auch der Schluss:

„Noch lange jeden Abend
Steh ich vor Deinem Bild
Es in mein Herz begrabend,
Dass es die Qual dort stillt.
Und nun ins Reich der Träume!
Nur da ist endlich Ruh'
Für meine arme Seele,
Denn, Meister, da bist Du!"

Achill, ebenfalls Held ihrer Träume und Namengeber ihres großen Schlosses „Achilleion" auf Korfu, das freilich ihr Interesse auch nur bis zur Fertigstellung der Inneneinrichtung fesselte, gab dem kranken und sinnenden Dichter Heine, der das Meer wie die Kaiserin als seine Seele empfunden hatte und dort ein herausragendes Denkmal an diesem von Natur und Schönheit geprägten Ort besaß, sozusagen die Hand: über ganze Generationen und Mythologien hinweg. Die aufgeklärte, weniger katholisch als weltfromm empfindende Kaiserin (ob nicht ihr Gebrauch des Gottesnamens Jehova sogar Heine geschuldet ist?) wusste solcherlei Anspielungen und Botschaften zu verinnerlichen und sich dadurch den „Zukunftsseelen" anzuvertrauen. Ihr Rollenspiel, ganz ähnlich der Figuration Heines als „armer Lazarus", freilich in weniger tragischer Weise, als Feenkönigin Titania aus ihrem Lieblingsstück *Der Sommernachtstraum* von Shakespeare und der damit einhergehende Gegensatz zu König Oberon, ihrem Mann, was sie ironisch immer wieder in Verse brachte, passen einerseits zu Heines *Shakespeares Mädchen und Frauen* von 1838, andererseits zu seinem Versepos *Atta Troll. Ein Sommernachtstraum*, in dem zumal die Wilde Jagd ein Vorbild abgeben könnte zu den wirklichen englisch-irischen Eskapaden als tollkühne Reiterin. Dass jenes andere, allein vom Titel her spiegelbildlich angelegte Versepos *Deutschland. Ein Wintermährchen* für die Kaiserin ebenfalls von Bedeutung war, weil sie wie der Dichter an der Notwendigkeit eines Kaisers zweifelte, soll nur am Rande vermerkt sein. Von Narren und Eseln jedenfalls wimmelt bei ihr die Welt, gelernt ist gelernt. Freilich: sie ist trotz aller Intelligenz im Gegensatz zum Dichter (fast) unpolitisch, wohl aber wie er antipreußisch. Ihre Erbin Gisela verkaufte die Villa an den deutschen Kaiser Wilhelm II., der das Heine-Denkmal umgehend nach Hamburg abgab.

9

Im Jahr 1898, als die Kaiserin am 10. September vom italienischen An-

Das Kaiserliche Paar beim Ausritt, aus der Zeitschrift „Bazar", 1866

archisten Luigi Lucheni mit einer Feile ermordet wurde, traf ein satirisches Gedicht von Alexander Moszkowski mit dem Titel *Der Rundreise-Dichter* genau jene Wunde, die eigentlich mit Heines Wirkung stets verbunden war und die nie heilte. Dass die Unstetigkeit des Heine-Denkmals, das „Düsseldorf nicht haben wollte", das weder in Mainz noch in Berlin und schon gar nicht in Stettin in Frage käme, das auch „am Fels der Loreley / Nicht gern gesehen ward" und zwar im „freien Land Amerika / Zur festlichen Enthüllung kommen" sollte, wenn auch die Städte sich nicht einig seien, sich aber „schon ein Fleckchen finden" werde (was in der Bronx ja auch geschah), scheint in dieser Weltreise Heines sich auch die Heimatlosigkeit der Kaiserin abzubilden. Heine und seine royale Verehrerin hatten für eine lange Zeit hindurch das gleiche schwere Schicksal von Unverständnis und Ablehnung zu erleiden.

Beide verfügten allerdings gleichzeitig über eine Portion Humor. Der soll auch in diesem ernsten Zusammenhang nicht zu kurz kommen. Träfen Heine und seine Verehrerin, sagen wir einfachheitshalber im Himmel, bei freundlicher Gelegenheit einmal aufeinander, friedlich umwogt von den sich endlich auflösenden ebenso romantischen wie später kritischen Versen Heines samt dem lyrischen Echo Sisis, dem Heine galant und wohl auch gequält lauschen würde, und hätten sie zugleich sämtliche Gerüchte und Geschichten aus beider Biographien zur Auswahl, also Texte und Botschaften, die Elisabeth vermocht hatten, bei ihren unberechenbaren Streifzügen das Heine-Grab ebenso zu besuchen wie dessen Schwester Charlotte Embden in Hamburg zu überfallen, um dadurch dem Dichter ihre Reverenz zu erweisen – über nichts hätte der Dichter seinerseits mehr einen diebischen Spaß gehabt, als über jene von der preußischen Kronprinzessin Viktoria ihrer Mutter, der englischen Königin, 1863 zugetragene Anekdote, die von einem Missverständnis handelt, das der schüchternen Kaiserin mit ihrem Zwang zur Aufrechterhaltung ihres sagenhaften Eindrucks gesamteuropäischer Schönheit ebenso geschuldet war wie einem ihrer Gesprächspartner. Die Kaiserin, die wegen ihrer schlechten Zähne den Mund kaum zu öffnen wagte, um ihrem Ruf nicht zu schaden und weil sie überhaupt ungern Konversation trieb, sprach mit ihrer allgemein ebenfalls gelobten Stimme ziemlich leise und undeutlich. Bei der Unterhaltung mit einem schwerhörigen Herrn antwortete dieser auf die Frage, ob er verheiratet sei „Manchmal" und auf die Frage, ob er Kinder habe, brüllend „Von Zeit zu Zeit".

An einer solchen Anekdote hätte gewiss auch Karl Kraus mit großem Wiener Vergnügen sich weiden können, der seinerseits an der Liebe Elisabeths zu Heines Gedichten und ihrer Denkmalssucht zugunsten des verehrten Dichters kein gutes Haar ließ und in seinem Beitrag *Heine und die Folgen* von 1910 allen seinen seit Jah-

Joseph A. Kruse

Heinrich Heine, Gemälde von Gottlieb Gassen, Öl auf Leinwand, 1828

ren scharf formulierten Sottisen aus jüdischem Selbsthass, Neid und waghalsigem Selbstbewusstsein auf einen immer wieder zweifellos zu beachtenden Gipfel trieb. Dennoch wird zu den erstaunlichsten Folgen Heines gerade immer die Bemühung der Kaiserin für das Andenken des Dichters zu zählen sein, weil er den Dingen jene Sicht angedeihen ließ und genau den Ausdruck verliehen hatte, wie sie selber ihre Zeit begriff und die Zukunft herbeisehnte. Dabei ist nach den Erfahrungen der weltweiten Wirkungsgeschichte trotz aller Schnelllebigkeit Heinrich Heines „Name" in der Tat, wie der von Karl Kraus geschätzte Hamburger Lyriker Detlev von Liliencron seinerzeit zum heineschen Säkularjahr ernsthaft klassisch formulierte: „unsterblich".

Literatur

Kaiserin Elisabeth: Das poetische Tagebuch, hg. von Brigitte Hamann, Wien 1984.

Dietmar Goltschnigg: Die Fackel ins wunde Herz. Kraus über Heine. Eine „Erledigung"? – Texte, Analysen, Kommentare, Wien 2000.

Brigitte Hamann: Rudolf. Kronprinz und Rebell, Wien und München ^{4}1982.

Brigitte Hamann: Elisabeth. Kaiserin wider Willen, München und Zürich ^{5}2015.

Brigitte Hamann und Elisabeth Hassmann (Hg.): Elisabeth. Stationen ihres Lebens. Wien und München 1998.

Joseph A. Kruse: Heine-Zeit, Stuttgart und Weimar 1997.

Joseph A. Kruse: „Mir dünkt, dass du dictiertest". Kaiserin Elisabeths Dichter: Heinrich Heine, in: Kaiserin Elisabeth. Keine Thränen wird man weinen … (Katalog zur 235. Sonderausstellung des Historischen Museums der Stadt Wien, Hermesvilla – Lainzer Tiergarten, 2. April 1998–16. Februar 1999), Wien 1998, S. 41–52.

Joseph A. Kruse: Heinrich Heine, Frankfurt am Main 2005.

Dietrich Schubert: „Jetzt wohin?" – Heinrich Heine in seinen verhinderten und errichteten Denkmälern, Köln, Weimar und Wien 1999.

Cover: Ida Hahn-Hahn (o. l.), Rahel Varnhagen von Ense (o. M.), Therese von Bacheracht (o. r.), Elise von Hohenhausen (u. l.), George Sand (u. M.), Elisabeth von Österreich (u. r.), Heinrich Heine (u.)

Frontispiz: Abendgesellschaft bei Voght, Aquarell, um 1820

Bibliografische Information der Deutschen Nationalbibliothek
Die Deutsche Nationalbibliothek registriert diese Publikation in der Deutschen Nationalbibliografie; detaillierte bibliografische Daten im Internet unter http://d-nb.de.

2016
© Morio Verlag Heidelberg
Morio Verlag, ein Imprint der mdv Mitteldeutscher Verlag GmbH
www.morio-verlag.de

Alle Rechte vorbehalten.

Gesamtherstellung: Mitteldeutscher Verlag, Halle (Saale)

ISBN 978-3-945424-31-5

Printed in the EU